새 공화주의 경제 체제

공화적 성장 모델의 모색

일러두기

- 외래어 표기는 현행 어문규정의 외래어표기법을 따랐습니다.
- 이 책은 〈동향과 전망〉 119호, 122호, 123호, 124호에 실린 내용을 재편집하여 발간하였습니다.
- 각 장은 모두 두 저자가 공동 집필한 것입니다.

새 공화주의 경제 체제

공화적 성장 모델의 모색

정준호 · 이일영

대한민국, 서울, 박영률출판사, 2025

새 공화주의 경제 체제: 공화적 성장 모델의 모색

지은이 정준호 · 이일영
펴낸이 박영률

초판 1쇄 펴낸날 2025년 7월 1일

박영률출판사
출판등록 제313-1997-000018호(1997년 2월 13일)
02880 서울시 성북구 성북로 5-11
전화(02) 7474 001, 팩스(02) 736 5047
commbooks@commbooks.com
www.commbooks.com

ISBN 978-89-5887-250-4 03340

책값은 뒤표지에 표시되어 있습니다.

새 공화주의 대안 기획을 시작하며

세계가 혼란에 빠져 있고 나라는 분열되어 있다. 우리는 충돌과 쇠락을 막기 위한 사상과 정책이 필요하다고 생각한다. 이에 '새 공화주의(New Republicanism)' 대안을 제기하고자 한다.

우리가 새로운 사상과 대안을 논의하려는 것은 실천적 정치경제학을 재구축하려는『동향과 전망』의 창간 정신에 맞닿아 있다.『동향과 전망』창간(1988)은 1980년대 후반의 경제성장과 민주화체제 형성, 글로벌화의 진전과 사회주의권의 격동에 대응하려는 이론적 실천의 소산이었다. 2010년대 중반 이후에는 1980년대 말 이상의 대변동이 벌어지고 있다. 미 · 중 경쟁 속에서 동아시아 · 한반도에서의 갈등이 진전되고 있다. 국내적으로는 1987년 체제의 점진주의 균형이 무너지고 발전주의 모델은 내외의 한계에 부딪쳤다. 다시 새로운 정치경제학이 절실하게 필요해진 시점이다.

이에 우리는 혼란과 분열에 대응하는 체제적 대안으로 '새 공화주의'를 구성하는 실험을 시작하려 한다. 자유주의와 사회주의는 근대 세계체제의 핵심 사상인데, 사회주의는 실패했고 이제 자유주의 역시 세계질서를 규율하지 못하고 있다. 사회민주주의도 퇴조하고 있고, 동아시아 발전주의 모델도 제대로 작동하기 어렵다. 특히 한반도 분단체제는 사상의 부재 · 결핍과 계층 · 지역 · 세대의 분열을 심화하였다.

혼란 속에서 국가 · 사회는 방향을 잃고 타락과 와해의 길로 치달을 수 있다. 이제 다시 '공동의 것(res publica)'을 세우는 사상과 실천이 절박하게 필요해졌다. 우리는 '공동의 것'을 추구하는 공화주의가 새로운 사상 실천의 출발점이 될 수 있다고 본다. 공화주의는 근대 자유주의 · 사회주의 이전의 원류적 사상이며 서구와 동아시아에 모두 뿌리를 두고 있다.

이에 우리는 그간의 공화주의 논의를 다시 공부하면서 미래적 관점의 체제 요소와 대안을 모색하고자 한다. 그간의 공화국 체제 논의에서 좀 더 나아가 그 내포와 외연을 심화 · 확장하는 노력을 모아나가려고 한다. 우리의 사상적 실험이, 새로운 질서의 벽돌이 될 수 있기를 감히 희망해 본다.

2025년 6월 10일

『동향과 전망』 편집위원장 이일영

한국 경제의 공화적 성장을 위한 실천적 탐색

한국의 성장과 위기는 칡(葛)과 등나무(藤)처럼 엉켜 있다. 동아시아의 '기적'은 냉전체제의 위기 구조 속에서 이루어졌다. 한국은 지정학적 위기 속에서 일시적으로 열린 기회의 창을 활용했다. 분단과 전쟁의 위협 속에서 수출주도형 산업화, 농지개혁, 인구구조 전환과 인구 배당, 높은 가계 저축률, 적극적인 사회 인프라와 교육투자 등이 어우러지면서 고도성장을 이루었다. 1986~1988년의 3저 호황, 1987년 민주화 운동과 노동자 대투쟁은 그 이전과는 또 다른 성장의 발판을 마련했다. 그러나 이 시기를 거치며 대기업과 중소기업 간 생산성 격차가 확대되면서 경제의 이중화가 진행되었다. 1990년대 초중반부터는 소득 격차까지 벌어지기 시작했다. 세계은행이 지칭했던 동아시아의 '공유적 성장(shared growth)' 모델은 이 무렵부터 서서히 무너지기 시작했다.

한편 한국 경제는 1997년 외환위기를 넘어서면서 글로벌화와 중국경제 성장의 흐름에 올라탔다. 한국은 2010년대 중반까지 성장을 이어가 마침내 1인당 GDP에서 일본을 따라잡기에 이르렀다. 특히 2008년 금융위기 이후 2010년대 중반까지는 중국 특수에 힘입어 삼성, 현대, LG, SK 등이 세계 정상급의 글로벌 플레이어로 등극할 수 있었다. 그러나 이러한 화려한 성장의 이면에는 각종 격차의 심화라는 짙은 그림자가 존재했다. 대기업과 중소기업 간 격차는 더욱 벌어졌다. 외환위기 이후 노동법 개정으로 비정규직이 등장했다. 대기업 고용의 안정성은 높아졌지만 정규직과 비정규직 사이에는 신분제와 흡사한 장벽이 세워졌다. 성장률은 지속적으로 하락해서 0%대의 저성장 시대에 접어들었다.

한국 경제의 성장과 위기는 시행착오의 누적과 맞물려 진전되었다. 계획과 현실의 괴리, 목표와 과정의 빈번한 수정, 그리고 임기응변적 대응이 수없이 반복되었다. 역설적이지만 임기응변이라는, 마치 재즈의 즉흥 연주(improvisation) 같은 대응력은 한국 경제가 그동안 버텨온 저력이기도 하다. 하지만 이런 반복적인 시행착오 속에서 근본적이고 일관된 경제발전의 목표나 사상을 마련할 수 없었다. 경제 주체들은 급변하는 환경에 마치 카멜레온처럼 필사적으로 적응해 왔지만, 그로 인해 모두가 소진되고 탈진해버린 것이 작금의 현실이다. 한국 경제를 냉철하게 분석하고 성찰할 수 있는 경제사상의 기반이 무너져 버린 상황이다.

2024년 12월의 갑작스러운 계엄 선포는 한국 사회와 경제의 근간을 흔든 충격적인 사건이었다. 산업화와 민주화를 통해 일본을 추격한 한국이 다시 과거로 되돌아갈 수도 있다는 우려가 국내외로 퍼졌다. 이후 6개월간 지속된 정치적 혼란 끝에 새 정부가 들어섰지만 구조적 경기 침체, 미・중 간 지정학적 패권 다툼, 미국 트럼프 행정부가 촉발한 관세 전쟁 등이 기존의 성장 체제를 흔들고 있다. 이러한 격동적인 상황에서 '민주 대 반민주'라는 프레임이 다시 등장했다.

그러나 이분법적 프레임만으로는 현재 한국 경제의 복합적 현실과 미래 비전을 충분히 담을 수 없다. 대기업과 중소기업, 정규직과 비정규직, 수도권과 비수도권 간의 격차 등을 아우르는 극심한 빈부격차와 초양극화가 공동체의 통합을 위협하는 것이 현실이다. 단순한 성장 회복 정책으로는 구조적 위기에 대응할 수 없다. 한국 경제는 포용적인 의사 결정을 수반하는 민주적 질서 확립과 그 내면화뿐만 아니라 공동선, 견제와 균형, 시민적 덕성, 비지배의 자유를 강조하는 새로운 공화주의 사상을 경제 전반에 스며들게 할 필요가 있다. 공화주의 사상은 시민이 자의적인 지배에서 벗어나 참여와 숙의를 통해 각자의 몫을 수행하도록 이끌어간다. 우리는 한국 경제의 구조적 위기를 극복하기 위해 경제사상으로서의 '새 공화주의(New Republicanism)'를 구성하고 이에 입각한 경제체제의 혁신과 전환을 추진해야 한다고 생각한다.

애쓰모글루(Daron Acemoglu)는 포용적 제도가 경제 성장의 핵심이라고 주장하며 2024년 노벨 경제학상을 수상한 바 있다. 그러나 이러한 주장은 중국의 '위계적 실험주의'라는 현실, 성장의 모순적 면모를 온전히 설명하지 못한다. 중국은 민주적이지 않은 방식으로도 혁신을 일구고 있다. 중국은 제한적이지만 경쟁과 분권, 특히 중앙과 지방정부 간의 권력 배분을 통해 혁신을 뒷받침하는 국가 '규율'을 제공하고 있다. 물론 이 체제의 이행과 장기 지속 가능성은 물음표로 남아 있다.

한국 역시 민주화 이전에는 수출 목표치를 중심으로 한 제한적인 대기업 간 경쟁과 이를 둘러싼 보호주의를 결합했다. 즉 정부의 '규율' 속에서 어느 정도 혁신과 성장이 이루어졌다. 그러나 이제 한국 경제는 '위계적' 또는 '권위주의적' 실험주의 또는 그 유산으로부터 '민주적' 실험주의로 제대로 이행해야 할 과제를 안고 있다. 여기서 말하는 민주주의는 불평등을 초래하는 위계적 지배가 아니라 포용적인 비지배의 자유를 보장하고 시민 각자가 자기 몫을 통해 권력을 견제하는 경제적 민주주의로서의 '새 공화주의'다. 이는 공과 사의 균형 속에서 다양한 경제적 실험과 혁신이 이루어질 수 있도록 여건을 마련하는 것이다.

이러한 문제의식에 입각해 우리는 '권위주의적' 또는 '위계적' 실험주의를 넘어 비지배의 자유에 기반한 '민주적' 실험주의로 향하는 '새 공화주의' 경제사상을 추구하며, 권위주의적 관행을 넘어 비지배의 민주적 질서를 구축하는 방안을 논의하고자 한다.

이를 위해 이 책에서는 네 개의 과제를 논의한다. 1장에서는 한국형 성장체제가 공유적 성장에서 비공유적 성장으로 전환된 원인과 결과를 진단한다. 2장에서는 한국 경제의 현실 인식에 기초하여 새로운 공화주의적 경제체제와 비지배의 질서를 실현하기 위한 경제적 조건과 사상적 기반을 논의한다. 3장과 4장에서는 공화주의적 시각에서 새로운 경제안보 전략과 지역발전 모델을 구상한다. 3장에서는 세계체제적 위험에 대응하는 글로벌 공화주의의 이론을 재구성하고, 네트워크형 경제안보 및 국가연합 질서의 구상을 제기한다. 4장에서는 지역 불균형 문제에 대응하는 지역 공화주의의 이론을 재구성하고, 비수도권 제조업 지역을 발전모델의 핵심 축으로 재구성하는 방안을 제시한다.

이 책은 한국 경제가 처한 현실을 직시하고 비지배의 자유에 기반한 민주적이고 공화주의적인 경제 질서를 구축하기 위한 실천적 탐색이다. 서구의 공화주의 전통을 참조하면서 논의를 전개하지만, 우리 사고의 뿌리는 한국 경제라는 현실 속에 서 있다. 한반도라는 시공간의 현실 속에 존재하는 한국 경제는, 글로벌 경제 시스템과 그 하위 지역 경제로서의 본질을 모두 담지하고 있다. 우리는 이러한 교차 지점에서 한국 경제가 당면한 현실을 마주하고자 했다. 한국 경제의 미래를 열어갈 새로운 사상적 지형을 마련하기 위한 우리의 논의가 한국 경제가 공화적 성장으로 나아가는 의미 있는 출발점이 되기를 기대해 본다.

2025년 6월 10일

정준호 · 이일영

차례

03 글로벌 공화주의의 지정(경) 전략

04 공화주의 지역발전 모델의 모색

01
한국형 성장 체제의 전개와 위기
‘비공유적 저성장’ 모델로의 이행

문제 제기

윤석열 정부 출범 이후, 사회 전반적으로 분열과 무기력의 징후가 뚜렷하다. 글로벌 체제와 기술 환경의 격변이 진행 중인데, 이에 대응하는 총체적 비전은 국가와 시민 사회 어디에서도 활발히 논의되지 않고 있다. 극단화하는 갈등과 좌절, 그리고 사회적 붕괴에 대한 근본적 해결책을 모색하는 국가의 기능이 작동하지 않고 있다. 이러한 정치적 · 사회적 붕괴 징후의 근저에 윤석열 정부의 국가 형태, 통치 전략, 정치적 실천의 문제(협소한 기반과 사법적 · 신자유주의적 통치)가 있다는 점을 논의하거나(지주형, 2023), 세계 경제 재편과 경제 정책 접근의 엇박자 문제를 지적(극심한 불안정성에 자유 · 공정의 가치로 대처)하기도 한다(김공회, 2023). 이 장에서는 한국 자본주의가 ‘체제’적 위기에 처해 있는데 이에 대한 인식과 대응이 이루어지지 못하고 있다는 점을 주장하고자 한다.

한국 자본주의의 유형은 흔히 '동아시아 모델'로 지칭된다. 본 논문에서는 한국에 적용되는 동아시아 모델이 1960년대~1980년대의 '동아시아 모델1'과 1990년대 이후의 '동아시아 모델2'로 구분된다고 본다. 세계은행이 출간한 『동아시아의 기적』(World Bank, 1993)에서 언급한 동아시아 모델의 에센스는 동아시아 모델1의 주요한 특징이다. 여기에서는 급성장과 불평등도의 저하라는 성과를 함께 이루었다는 점에서 '기적'을 언급한 것이다.[1] 그러나 1990년대 이후의 동아시아 모델2에서는 성장과 평등화 추세가 분리되게 된다. 즉 '공유적 성장(shared growth)'이 '비공유적 성장(unshared growth)'으로 전환되었다.

동아시아 모델1과 동아시아 모델2는 국가의 역할과 경제의 생산 · 재생산 방식이 다르다. 동아시아 모델1의 발전 국가는 금융 억압을 통해 수출 제조업에 자금을 지원하

1) 당시 세계은행은 동아시아 모델의 에센스로, 두 가지 성과(급성장과 불평등도의 저하)와 여섯 가지 특징(농업의 역동성, 수출 확대, 인구 구조 변화, 높은 저축·투자율, 인적 자본 구축, 높은 생산성)을 제시했다(World Bank, 1993).

며, 미국은 냉전 체제하의 동맹국에 자원과 시장 접근성을 제공했다. 동아시아 모델2에서는 중국이 포함된 글로벌 생산 네트워크가 자본의 생산 · 재생산에서 핵심적 역할을 하게 된다. 이러한 생산 네트워크를 작동시켰던 분업 조건이 변화되면서, 동아시아 모델2의 성장 체제는 한계에 직면하고 있다. 위기적 징후는 제조업의 장기 침체 가능성, 가계 부채 및 부동산 시장과 관련된 금융의 불안정성 증대 등으로 나타나고 있다.

이 장에서는 한국 자본주의 위기의 근원이 성장을 일으키는 체제(regime)가 한계에 부딪히고 있다는 점을 논의하고자 한다.[2] 이를 위해 1990년대 이후 형성된 한국형 성장 체제를 모델화한 후, 2010년대 중반 이후 나타난 위기의 구조를 논의한다. 이 장에서 주장하는 바는, 한국형 성

---

2) 한국어에서 '체제'는, 시스템(system)을 말하기도 하고 레짐(regime)을 말하기도 한다. 이 장에서 말하는 '성장 체제'는 세계 체제와 연결되어 성장을 일으키는 성장의 수요-공급 체계를 의미한다. 세계 체제론에서는 분석 단위로서 의미 있는 시스템은 세계 체제뿐이라고 본다. 여기서는 세계 체제론의 문제의식을 감안하여, 세계 체제는 시스템으로, 성장 체제는 레짐으로 구분하여 인식하고자 한다. 즉, 한국형 성장 체제는 세계 및 동아시아 차원의 시스템에 연계된, 그리고 그 시스템의 하위 수준에서 작동하는 레짐을 의미한다.

장 체제가 과거 동아시아형 모델에서 벗어나 '비공유적 저성장(unshared and low growth)' 또는 '분열적 저성장(fragmented low growth)' 모델로 변화하고 있다는 것이다. 위기의 본질은 국가와 사회가 '분열적이고 비공유적인 저성장'으로의 체제적 변화에 대응할 의지와 능력을 보이지 못하고 있다는 것이다.

한국형 성장 체제의 전개

1990년대 이후의 성장 체제

한국의 성장 체제는 기본적으로 가공조립형 산업화에 기반한다. 이는 원자재나 부품 · 소재 · 장비 등을 수입하고 이를 가공 · 조립하여 중간재나 최종재 형태로 다시 해외에 판매하는 구조다. 핫토리 타미오(服部民夫, 2005/2007)는 핵심 부품 · 소재 · 장비의 실질적 국산화 여부에 따라 가공형과 조립형 산업화로 구분한다. 그에 따르면, 전자의 경우는 일본이고, 후자의 사례는 한국이다. 1960년대 출발했던 초기 조립형 산업화에서 한국은 단기간 내 관련 부품 소재와 장비를 국산화하기 어려웠고, 중간재 또는 최종재를 소화할 만한 내수 시장을 확보하기도 쉽지 않았다. 따라서 이들 부품 · 소재 · 장비의 수입 · 기술 이전과 최종재 소비 시장 간 국제 분업 구조가 전제되어야만 했다. 이러한 점에서 한국의 성장 체제는 산업화 초기부터 지정학적 또는 지경학적 조건에 착근되어 있다. 주지하는 바와 같이, 1960년대 초기의 산업화에서 지정(경)학적 조건은 냉전 체제였다. 예를 들면, 1960~1980년대 한 · 미 · 일 국제 분업 체제에서 일본은 주요 부품 · 소재 · 장비의 공급지로, 반면에 미국은 최종재 시장으로 자리매김했다(정준호, 2022).

1990년대 국제 분업 구조의 재편성은 한국의 성장 체제 전환에 중대한 계기가 되었다. 1980년대 후반 이후 냉전 체제에 균열이 생기고 1990년대 초반 한 · 중 수교가 이루어지면서 냉전 체제에 기반한 한 · 미 · 일 간 국제 분업 구조는 중국을 포함한 탈냉전 기반의 동북아 분업 구조로 전환된다. 여기에서 중국은 대미 수출을 위한 중간재와 최종재 시장으로 기능하게 된다.

1980년대 후반 동구권 사회주의 몰락 이후에도 중국은 점진적인 개방 전략을 구사했다. 노태우 정부가 글로벌 정세 변화에 호응하여 북방 외교 전략을 적극적으로 펼친 결과, 1992년에 한 · 중 수교가 이루어졌다. 이를 통해 저임금을 활용하고 상당한 정도의 수출 신장을 기대할 수 있는 중국 시장에 진출할 기회가 한국 기업에 열리게 되었다.

이 시기는 1980년대 중 · 후반 이후 3저 호황이 일단락되는 경기 하강 국면이 예상되던 시기였다. 저임금 활용과 거대한 시장 개방이라는 중국 효과는 경쟁력이 취약한 기업이나 산업에 지난한 기술적 · 조직적 혁신, 즉 기업의 사업 모델 또는 산업 구조를 재편하는 것이 아니라 중국의 저비용 구조에 편승하는 공간적 해결책(spatial fix)을 유도했다(Harvey, 1982). 또한, 교통과 통신의 기술 발전이라는 기술적 조건은 이러한 중국 효과를 배가했다. 그리고 탈냉전으로 중국이 미국 시장에 자유로이 접근할 수 있었던 글로벌 경제 체제 조건은 또한 핵심 요소 중의 하나다. 특히 2001년 중국의 WTO 가입은 미국이 이러한 글로벌 체제를 승인한 것으로 볼 수 있다(정준호, 2022).

글로벌 체제 조건의 변화에 따라 산업의 가치 사슬이 새롭게 형성되었다. 1990년대 중반 이후 교통 · 통신 기술 발전에 따라 공간 마찰 비용이 감소하고 다자간 무역협정 체결이 확산하면서 생산 공정의 공간적 분산(global fragmentation of production)과 통합(integration)이 가속화되었으며, 이에 따른 글로벌 가치 사슬 형성이 세계 경제의 주요한 트렌드로 자리 잡았다(Gereffi, Humphrey, & Sturgeon, 2005). 삼성전자, LG, 그리고 현대자동차 등과 같은 한국의 주요 대기업은 글로벌 가치 사슬의 전개와 개방화에 따른 이점을 통해 글로벌 플레이어로 등장했다.

예를 들면, LCD 패널의 글로벌 가치 사슬 형성은 이러한 동북아 분업 구조의 역동성을 잘 보여 준다(김선배 · 김영수 · 이상호 · 정준호, 2010; Shintaku, Ogawa, & Yoshimoto, 2006). LCD 패널의 경우 산업주도권이 일본→한국→중국으로 이동했다. 한국과 중국은 표준화와 모듈화, 자본재 가격 하락, 대규모 투자 등을 통해 이 부문에서 일본에 대한 추격을 상대적으로 쉽게 이루어 냈다.

LCD 패널의 원천 기술은 일본과 서구 기업이 보유하고 있었으나, 해당 산업의 기술 발전에 따라 생산의 모듈화가 진행되자 막대한 투자를 지렛대로 한국과 중국 같은 아시아 기업이 이 시장에 진입했으며, 시장 경쟁은 더욱더 치열해졌다. 이에 따라 제품 가격이 내려가면서 그 시장은 크게 성장했다. 이 과정에서 선진국 기업의 시장 점유율이 떨어졌지만, 시장 확대에 따라 해당 기업의 경제적 편익의 총량은 줄지 않고 늘어났다(〈그림 1〉 참조).

후발국이 모듈화에 대규모로 투자함으로써 비용 경쟁력을 확보하는 방식은 기존의 추격 방식과는 구별되는 새로운 경로를 보여준다. 기존 추격 경로는 선진국에서 새로운 기술과 제품이 개발 · 생산되고 난 후 기술과 제품의 성

<〈그림 1〉 동북아 분업 구조 형성: LCD 패널 공급망 사례

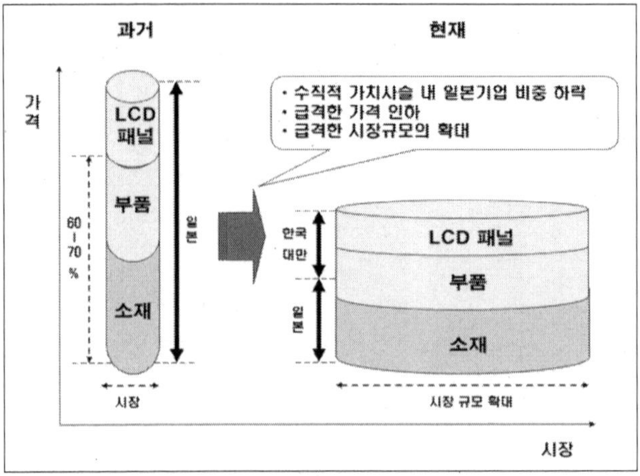

자료: Shintaku et al.(2006): 김선배 외(2010, 52쪽).

숙화에 따라 생산 기술이 저비용 개도국으로 순차적으로 이전되는 과정을 거치며, 후발국의 추격에는 일정한 시간이 필요하다(Vernon, 1966). 반면, 표준화에 따른 모듈화는 생산 공정의 지리적 이전을 촉진하고, 이에 따라 선진국과 후발국 간 추격 시차가 감소한다. 이처럼 추격 시차가 줄어들기는 했지만, 선진국 기업의 경제적 편익은 줄어들지 않는데, 이들 기업은 고부가가치 기술 집약적인 통합형 아키텍처 제품 개발에 집중하기 때문이다(Shintaku et al.,

2006). 한국이나 중국 등 개도국 기업이 놀라운 속도로 선진 기업을 추격하고 추월할 수 있었던 것은 이러한 생산의 모듈화에 기인하는 바가 크며, 이는 생산 공정의 공간적 분리가 가능케 하므로 국제 분업의 형성을 촉진한다.

이처럼 버논(Vernon, 1966)의 제품 수명 주기론은 추격 패턴이 공간상에서 위계적으로 조직되고 순차적이어서 추격에 상당한 기간이 소요되는 데 반해, 글로벌 가치사슬의 형성을 설명하는 모듈화 기반 생산 공정 분업론은 기술 진보가 선진국과 후발국 사이에 병렬적으로 전개되고, 그 과정에서 성문화된 지식에 기반한 표준화로 후발국 기업 추격 과정이 단계별로 순차적으로 진행되는 것이 아니라 비지형(leapfrog)으로 나타날 수 있다는 점을 제시한다(김선배 외, 2010, 53~54쪽).

모듈화 기반 생산 공정 분업론은 특히 대규모 투자가 가능한 개방적인 모듈형 아키텍처 제품에 잘 들어맞는다(Fujimoto, 2006). 가령, 통합 아키텍처가 지배적인 내연기관 자동차의 경우 기술 혁신이 점진적이므로 엔지니어와 현장 작업자의 지속적 숙련 형성이 요구되며, 최신 장비의 도입과 그에 따른 대규모 투자로는 기존 선진 업체를 따라잡기가 쉽지 않다. 중국은 자동차 부문에서 내연 기관 자동차가 아니라 개방형 모듈 제품의 특성이 두드러지는 전기 자동차 분야에서 경쟁 우위를 가지고 있다. 메모리 반도체도 자본 집약적 모듈 제품이다. 그런데 최근 미국과 중국 간 지정학적 긴장 고조로 미국은 한국을 포함한 서구에서 중국으로의 첨단 기술 장비의 이전과 수출을 옥죄고 있다. 이 부문의 추격을 위해서는 지속적인 최신 장비의 주기적인 업데이트와 학습이 요구되는데, 이러한 투자 사이클과 학습 과정이 일단 차단당하고 있다. 이는 중국이 한국에 대한 추격 속도를 늦추는 요인으로 작용하고 있다.

한국 기업이 일본 기업을 추격하고 추월했던 것처럼, 중국 기업도 LCD 패널 부문과 같은 개방형 모듈 제품에서 표준화 · 모듈화 기반의 대규모 투자를 통한 추격 과정이 상대적으로 쉬워지면서 한국 기업을 추격하고 추월할 수 있게 되었다. 한국은 이러한 공정 분업을 가능케 하는 중간재를 중국에 공급하였다. 중국은 이를 활용하여 미국이나 서구 세계에 값싼 최종재를 판매했다. 이러한 국제 분업 구조는 쌍방에 모두 이득이 되었다(핫토리 타미오, 2015). 〈그림 2〉에서 보듯이, 2008년 글로벌 금융 위기 이후 2020년 코로나19 팬데믹 위기까지 한국과 중국의 OECD 선행 경기 지수 변동률 진폭이 거의 같다. 이 시기 한국 경제는 이러한 분업 구조에 기반한 중국 효과에 기대어 성장 가도를 달릴 수 있었다.

〈그림 2〉 OECD의 선행 경기 지수 전년 동월비 변동률: 1993년 5월~2023년 7월

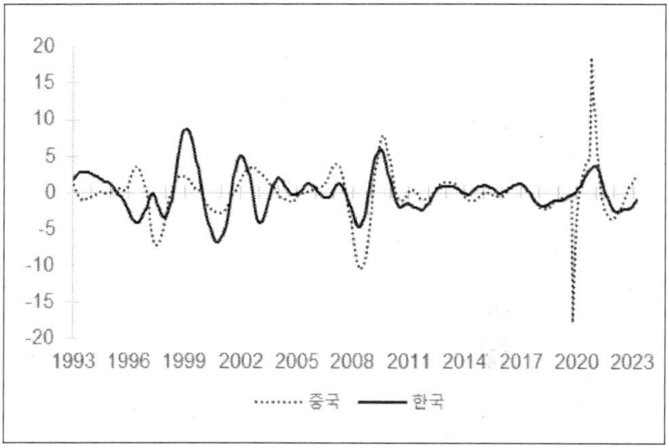

자료: OECD 통계(https://stats.oecd.org/).

그러나 트럼프가 집권한 2010년대 중반 이후, 더 뚜렷하게는 코로나19 보건 위기 이후 미 · 중 간 패권 다툼에 따라 첨단기술의 미 · 중 간 탈동조화가 일어나고 있거나 시도되고 있다, 특히 미국은 한국에 중국과의 첨단 기술의 탈동조화를 요구하고 있다. 중국이 최근 코로나19로 중단됐던 경제 활동을 본격적으로 재개하면서 OECD 선행 경기 지수가 상승하고는 있지만, 이전 시기와 달리 한국의 그것은 이를 쫓아가지 못하고 있다. 이것이 한국과 중국 간 경

기 변동 탈동조화의 신호탄인지는 판단하기 이르지만, 단기간일지라도 과거와는 완연히 다른 양상을 보여 주고 있다.

아기옹, 그리예프, 그리고 조강철(Aghion, Guriev, & Jo, 2021)은 1997년 외환 위기 이후 한국은 개방적이고 경쟁 지향적 개혁 정책으로 동아시아에서 '투자 기반' 성장 모형에서 '혁신 기반' 성장 모형으로 전환했다고 평가한다. 이는 한국 경제가 개도국이 추격 과정에서 중소득국에서 고소득국으로 이행하지 못하는 중진국 함정(middle-income trap)에 빠지지 않았다는 것을 함의한다. 이에 대한 실증적 근거로 그들은 개혁 이전 재벌 기업의 총요소생산성이 정체 또는 하락했지만, 개혁 이후 재벌 기업과 비재벌 기업 모두 총요소생산성이 빠르게 증가했다는 것을 제시한다. 또한, 개혁 영향을 많이 받은 재벌은 이미 시장 지배 산업에서 총요소생산성 성장이 두드러졌으며, 비재벌 기업의 생산성 성장 또한 빠르게 증가했다는 것이다(Aghion et al., 2021).

이근(2014) 또한 한국 기업이 '장수 기술'에서 '단명 기술'로 전환함으로써 한국 경제가 중진국 함정에 빠지지 않았다고 주장한다. 예를 들면, 한국은 1960년대 저부가가치의 긴 기술수명주기 분야(예: 의류), 1970년대 중반 이후 중

<그림 3> 주요 국가의 1인당 GDP: 1950~2018년

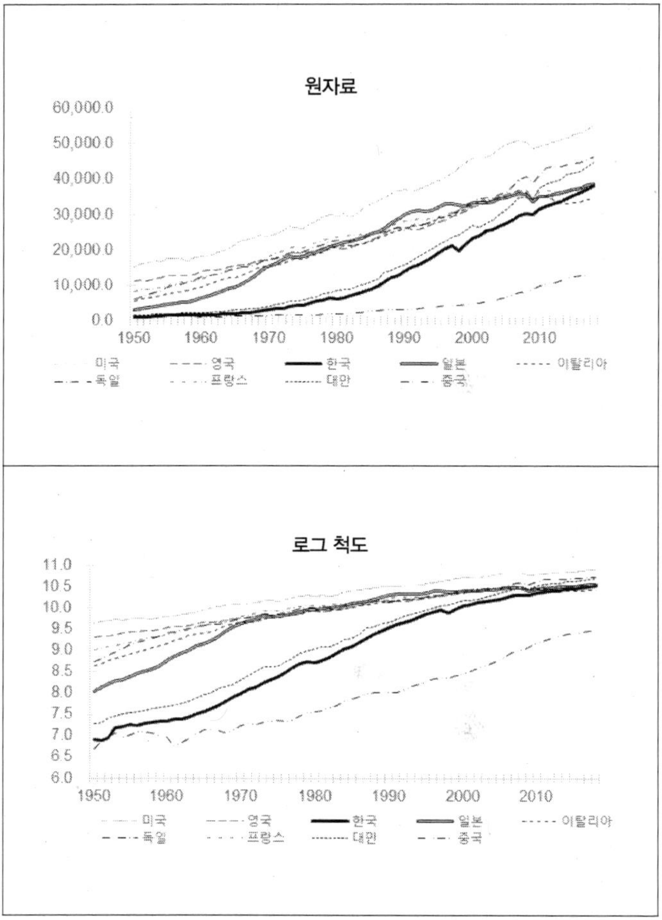

주: 1) 이 자료는 인플레이션과 국가 간 생계비의 차이를 조정한 것임

2) 2011년 미 달러 가격으로 나타낸 것임.

자료: Bolt & van Zanden(2020)에서 재구성.

간 기술수명주기 분야(예: 자동차, 조선 등), 1980년대 중반 이후 단명 기술수명주기 분야(예: TDX, 반도체, 이동전화, 디지털TV 등)에서 성공적 추격을 수행했다는 것이다.

이처럼 외환 위기 이후 일정 정도의 내부 개혁과 글로벌 가치 사슬 형성에 따른 동북아 분업 구조를 잘 활용하여 한국 경제는 놀랄 만한 성장을 구가할 수 있었다. 〈그림 3〉에서 보듯이, 2018년 기준 한국의 1인당 GDP 수준은 일본, 프랑스, 영국의 그것과 거의 유사하여 사실상 추격이 마무리된 것으로 볼 수 있다. 로그 척도로 보면 한국의 1인당 GDP의 성장세가 가팔랐다는 것을 알 수 있다. 원척도로 본 2018년 기준 한국의 소득 수준은 1950년의 그것과 비교해 38.0배 증가하여 대만(30.6배), 중국(16.4배), 일본(12.6배), 독일(7.5배)의 그것을 능가한다. 이를 반영하듯이, 한국은 2021년 유엔무역개발회의(UNCTAD)에서 선진국 그룹으로 지위가 변경되었는데, 이는 UNCTAD가 1964년 설립된 이후 처음 있는 사례다.

2010년대 중반 이후의 성장 체제

2008년 글로벌 금융 위기 직후 중국이 전 세계 성장 엔진으로 작동함에 따라 대중국 수출의 대폭 증가, 동일본 지진으로 인한 일본의 제조업 조업 중단, EU의 재정 위기

여파 등으로 한국 경제는 제조업 호황을 누렸으며 그 결과 2008~2013년 사이에 제조업 고용 규모가 다시 늘어나기도 하였다. 이 시기를 전후해 삼성전자와 현대자동차 등과 같은 한국 제조업을 대표하는 재벌 대기업들이 상위의 글로벌 플레이어로 등극했다.

그러나 그 이면에서는 한국의 중국에 대한 대규모 흑자국으로서 교역 파트너 지위가 흔들리고 있었다. 〈그림 4〉에서 보는 바와 같이, 2010년대 이후 한국의 부품 · 소재 품목에 대한 대중 무역 수지 흑자 폭이 더 이상 늘어나지 않고 횡보하다가 2010년대 후반에는 감소세로 돌아섰다. 이는 중국의 중간재 자립도 증가[3]와 한국의 중국산 중간재 수입 증가 등에 기인한다. 또한, 한국의 대일과 유럽 등 주요국에 대한 부품 · 소재 품목의 무역 적자도 계속 증가하다가 2010년대에 감소세로 전환했다. 이는 어느 정도 한국의 기술 수준이 향상된 것과 동시에, 글로벌 차원에서 교

---

3) 2000년대 초반 이후 중국은 중간재 수입 의존도가 지속적인 감소세를 보여 주는데, 1990년대 후반 그 비중이 약 53%에서 2010년대 초에 대략 35%로 급격히 떨어졌다. 이처럼 중국의 부품·소재 등과 같은 중간재 해외 의존도 감소와 글로벌 가치 사슬 확대에 따른 한계 편익의 감소 등으로 2010년대 초반부터 글로벌 상호 의존성이 둔화하는 추세가 나타나고 있다(Constantinescu et al., 2014).

〈그림 4〉 한국의 부품·소재 품목의 교역 추이와 무역 의존도 추이

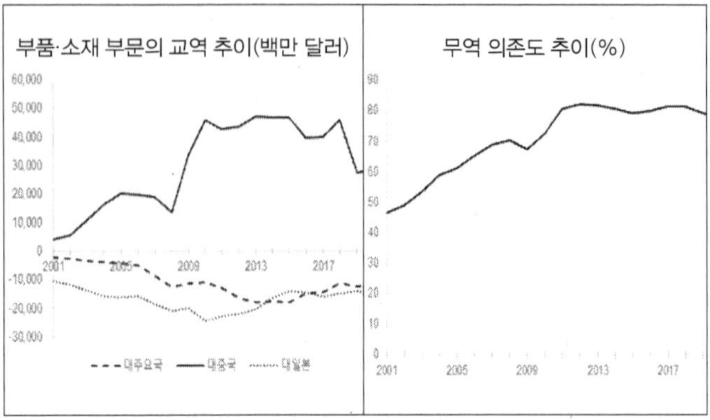

자료: 소재부품종합정보망(http://www.mctnet.org/index.jsp), 한국은행(http://www.bok.or.kr).

역 규모가 더는 증가하지 않고 있다는 것을 반영한다. 이에 따라 GDP 대비 수출입 비중인 한국의 무역 의존도도 2010년대 들어서서 횡보하다 2010년대 후반에 감소하고 있다. 이는 과거와 같이 물량 중심의 수출로는 한국 경제가 더 이상 성장이 힘들다는 것과 동시에, 수출을 통한 성장을 지속하기 위해서는 수출 지역의 다변화가 필요하다는 것을 시사한다.

한국의 중국에 대한 무역 의존도가 점차 줄어들고 있다면, 아시아에서 어느 국가가 한국의 주요 교역 파트너가 되

〈그림 5〉 한국의 주요 아시아 국가와의 무역 수지(백만 달러)

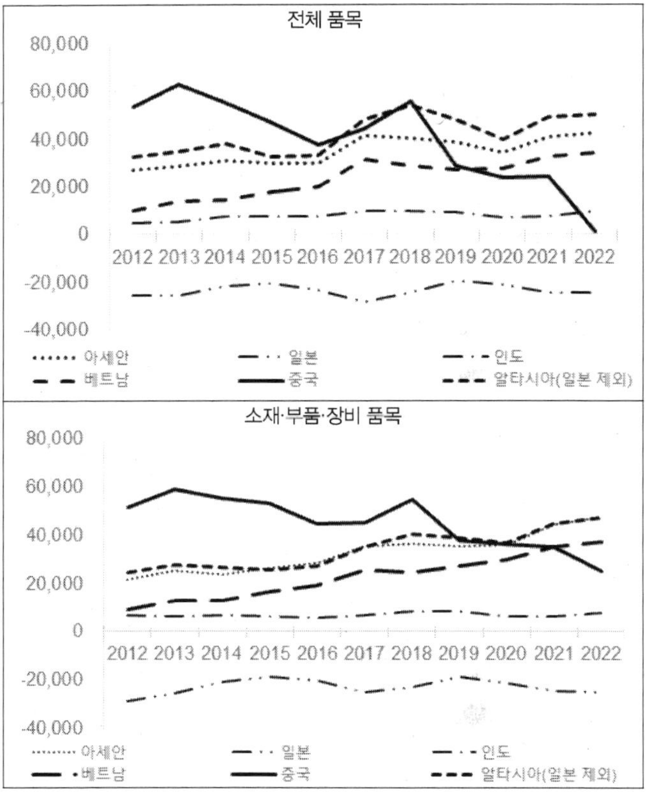

주: 알타시아(Altasia) 국가에 방글라데시가 빠져 있음.

자료: 소부장넷(https://www.sobujang.net/)에서 필자 재구성.

〈표 1〉 2023년 양회에 나타난 중국의 경제 정책 방향

구분	정책 방향
내수 확대	소비 촉진, 정부 주도형 투자 확대, 민간투자 참여 독려
현대화 건설	에너지·광물 개발 및 비축량 확대, 디지털 전환, 과학기술 혁신 가속화
생태 환경 보호	환경 오염 감소, 신에너지 체계 구축, 중점 분야 탄소 저감
외자 유치 확대 무역 활성화	외자 진입 규제 완화, 수출입 지속 확대
농업	식량 안보, 농업 기술 역량 강화
민생 안정	주택 개선, 저출산·고령화 대책 강화, 문화 산업 발전 촉진

자료: KOTRA(2023)에서 필자가 수정·보완.

었는가? 〈그림 5〉에서 보듯이, 한국의 대중국 무역 흑자 규모가 전체 품목과 소·부·장 품목 모두 2010년대 이후 급격히 감소하고 있다. 전체 품목의 경우 대중 흑자 규모가 2012년 535억 달러에서 2022년 12억 달러로 매우 급격히 줄어들었으며, 2023년 상반기에 들어서서는 한국은 대중 무역 적자를 기록하고 있다. 소·부·장 품목의 경우, 한국의 대중 흑자 규모가 2012년 518억 달러에서 254억 달러로 줄어들었다. 이는 전자·자동차·석유화학·조선 등 주요 산업 부문에서 중국과 한국은 상호 보완적 교역관계였다가 점차 중국이 한국에 대해 강력한 경쟁자로 전환

되었다는 것을 시사한다.

2010년대 이후 동북아 국제 분업 구조가 재편되고 있으며, 이에 대응하여 한국 기업은 중국과 가까운 아세안 국가와 인도 지역에 투자를 확대했다. 이에 따라 이들 국가에서 무역 흑자 규모가 확대되고 있다. 전체 품목의 경우 한국의 대베트남과 인도에 대한 무역 흑자 규모가 각각 2012년 102억 달러와 50억 달러에서 2022년 342억 달러와 100억 달러 정도로 늘어났으며, 소 · 부 · 장 품목도 각각 2012년 92억 달러와 66억 달러에서 2022년 371억 달러와 81억 달러로 증가했다(〈그림 5〉 참조). 특히 한국의 베트남에 대한 해외 직접 투자 급증은 이러한 무역 수지 흑자 확대와 긴밀히 연관되어 있다.

그렇다면 한국의 대중국 교역 관계의 반전은 일시적인 것인가, 아니면 지속될 것인가? 이는 반도체와 석유화학 제품의 수출 감소에 따른 일시적인 현상으로 치부할 수 있는 것인가? 시진핑 정부 3기의 경제 정책 방향을 가늠할 수 있는 2023년 중국 양회에서 발표된 정책 지원 방향과 한국이 경쟁 우위가 있는 수출 품목 간에는 일정한 간극이 감지된다. 〈표 1〉에서 보듯이, 중국은 향후 소비 회복과 정부 주도형 투자를 중심으로 한 내수 확대와 외자 유치 촉진 등을 추진할 계획이다. 그런데 여기서 눈여겨볼 점은 한국 기업의 경쟁 우위가 소비재가 아니라 중간재에 있다는 점이다. 핸드폰과 자동차 등과 같은 소비재에서 한국 기업의 중국 시장에 대한 점유율은 매우 미미한 수준이다. 또한, 한한령과 저작권 제도의 미비 등으로 한국 기업의 경쟁 우위가 있는 한국산 문화 콘텐츠의 중국 내 공식적인 유통도 제한적이다. 또한, 한국 기업의 대중 첨단 기술 투자도 미국 정부의 압력 가중으로 쉽지 않다. 따라서 한국이 처한 상황과 중국 정부의 경제 정책 방향 간에는 엇박자가 나고 있다.

미 · 중 간 패권 다툼으로 미국의 정치 · 경제적 압력이 주요 동맹국의 주요 기업의 입지 결정에 영향을 미치고 있다. 서구 제조업체들이 중국을 완전히 떠나지는 못하더라도 일부 생산 기지를 다른 지역으로 이전하려는 시도가 나타나고 있다. 여기에는 미 · 중 간 패권을 둘러싼 갈등과 같은 정치적 이유도 있지만, 서구 기업의 중국 투자에 따른 경제적 편익이 이전보다 떨어지고 있다는 경제적 측면도 있다. 예를 들면, 2013~2022년 중국 제조업 인건비가 시간당 평균 8.3달러로 이전에 비해 두 배 정도가 올랐으며, 반면에 2022년 현재 인도, 태국, 베트남의 경우는 3달러 미만이다. 이에 따라 중국에서 저임금 활용이라는 글로벌 가치 사슬의 경제적 편익이 감소하고 있다(The Economist,

2023).

2010년대 이후 중국의 대미국 무역 수지 흑자가 엄청나게 증가했는데, 이는 어느 정도 미국 제조업 고용 상실로 이어졌다. 중국의 대미 무역 흑자는 의류, 전기, 전자, 기타 제조 등 네 가지 부문에서 발생하고, 이는 미국의 대중 무역 적자의 약 2/3 이상을 차지하며, 미국의 전체 무역 적자에서 중국과의 교역이 차지하는 비중은 대략 40~60% 정도다(정준호, 2016). 또한, 오바마 정부 시기부터 제조 시설의 해외 이전, 즉 오프쇼오링(offshoring)으로 인한 제조업 일자리 상실 및 대량 실업과 이로 인한 백인 중산층 붕괴를 타개하고자 하는 연방 정부의 제조업 부흥 노력이 서로 맞물리면서, 오프쇼오링의 부정적인 효과가 정치 · 경제적 쟁점이 되었다(정준호, 2016). 이와 동시에 달러 가치 하락, 셰일가스로 인한 에너지 비용 절감, 단위 노동 비용 변화 등으로 국내로 제조 시설을 이전하는 리쇼오링(reshoring) 현상이 2010년대 전후로 미국에서 나타나기 시작했다(National Economic Council, 2016). 이처럼 경제 위기로 말미암은 미국 제조업체의 비용 변동과 자동화 확대는 리쇼오링의 가능성을 열어 놓았으며, 이러한 정책 기조는 트럼프와 바이든 정부에서 계속 이어지고 있다(정준호, 2016).

이러한 국면에서 중국은 광범위한 제조 기반을 구축하고, 이를 바탕으로 '중국몽(中國夢)'을 달성하고자 IT, AI, 반도체 등 첨단 제조 신기술 개발과 육성에 박차를 가했다. 미국은 중국을 노골적으로 견제하기 시작했다. 특히 트럼프 대통령 이후 미 · 중 간 무역 갈등이 고조되고 있으며, 미국은 자신뿐만 아니라 그 동맹국에 중국으로의 첨단 기술 이전을 강력히 제지하고 있다. 이처럼 미 · 중 간 기술 탈동조화(decoupling)의 압력 심화에 따라 삼성전자와 SK하이닉스 같이 첨단 기술 제품(예: 반도체)을 생산하는 다국적 기업은 중국 의존도를 줄여야 하는 상황에 부닥쳐 있다(The Economist, 2023).

이들 다국적 기업이 직면한 문제는 중국을 대체할 수 있는 생산 기지가 그리 멀지 않은 지역에 있느냐는 것이다. 이코노미스트지(The Economist, 2023)는 '중국에 대한 대안(alternative supply chain to China)'으로 알타시아(Altasia) 담론을 제기했다. 이는 동아시아, 동남아, 인도 지역을 포함한 14개국을 지칭하는 지역, 즉 일본 북부의 홋카이도에서 한국, 대만, 필리핀, 인도네시아, 싱가포르, 말레이시아, 태국, 베트남, 캄보디아, 방글라데시를 거쳐 인도 북서부의 구자라트까지 초승달 모양으로 뻗어 있는 지리적 실체를 말한다. 가령, 한국과 일본의 높은 기술력과 풍부한 자금력, 인도의 낮은 임금 등 각국은 각기 다른 강점이 있으므로 일부 국가가 정교한 부품을 공급하고 다른 국가가 이를 조립하여 완제품을 생산하는 국제 분업의 기회 구조를 만들 수 있는 여지가 있다는 것이다. 이것이 실제로 작동할 수 있을지가 지정학적 · 지경학적 질서에 대한 시험대로 등장했다.

골드만 삭스(Goldman Sachs, 2022)는 세계 경제가 2022년 현재 미국-중국-일본의 3강 체제에서 2050년 중-미-인도 3강 체제로 재편될 것으로 예상한다. 또한, 한국은 현재 12위권의 경제 규모이지만 2050년에는 15위권에 들지 못하고, 인도네시아가 4위권에 들 것으로 기대한다. 이러한 향후 경제권의 변동을 고려한다면 알타시아 지역에 대한 한국의 전략적 접근은 한국 경제의 지속 가능성을 위해서는 불가피하다. 최근 아세안과 인도 지역에 대한 한국 기업의 투자 증가 효과로 한국의 대-알타시아 무역 흑자 규모는 전반적으로 늘어나고 있다(〈그림 5〉 참조). 전체 품목의 경우 방글라데시를 제외한 한국의 알타시아에 대한 무역 흑자 규모가 2012년 74억 달러에서 2022년 262억 달러로 증가했는데, 한국의 일본에 대한 무역 수지 적자가 줄어든 것도 이에 한몫했다. 소 · 부 · 장 부품의 경우 방글라데시를 제외한 한국의 대-알타시아 무역 흑자 규모가 2012년 40억 달러 적자에서 2022년 227억 달러로 증가했다.

한국형 성장 체제의 위기 징후와 격차 심화

위기 징후

1998년 외환 위기 이후 한국 경제의 성장률은 단계적으로 내림세다. 2010년대 이후 한국 경제의 성장률은 세계 경제 성장률을 밑돌기 시작했다(정준호, 2022). 김세직(2016)은 1990년대 중반 이후 구조 개혁 없는 경기 부양책으로 성장률이 "5년 1% 하락"하고 있다고 경고한다. 〈그림 6〉에서 보듯이 2010년대 이후 장기 경제 성장률이 2% 안팎을 기록하고 있는 국가는 사실상 미국뿐이고, 이탈리아는 마이너스 성장률을 기록했다. 지난 30년 저성장을 경험한 일본의 장기 성장률도 마이너스로 떨어진 적은 없었다. 이탈리아는 마이너스 성장을 겪으면서 정치적 포퓰리즘이 득세하고 다양한 정치 · 경제적 긴장과 갈등이 드러났다. 가령, 저성장, 연금과 청년 실업, 지역 간 격차 심화 등은 이탈리아의 고질적인 문제로 남아 있다.

저명한 마르크스주의 학자인 하비(Harvey, 2010)는

〈그림 6〉 주요국의 장기(10년 이동 평균) 경제 성장률(%) 추이: 1980~2022년

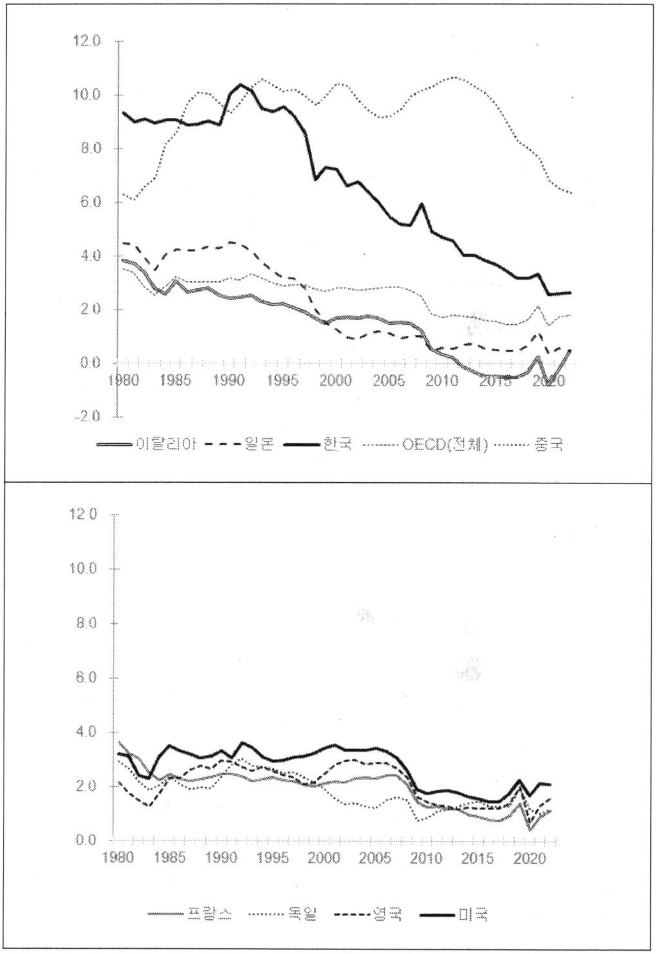

자료: OECD 통계(https://stats.oecd.org/).

"3% 성장률이 '건강한' 자본주의가 작동할 수 있는 최소한의 허용 수준이고, 3% 미만이면 문제가 있지만, 제로 또는 마이너스 성장은 1930년대처럼 장기화하면 공황으로 정의되는 위기이며, 따라서 자본의 과제는 최소 연평균 3% 성장을 지속적으로 달성할 수 있는 방법을 찾는 것"이라고 지적한다. 다른 국가의 경험과 하비 지적에 따르면, 최근에 급전직하하고 있는 한국의 성장률은 기존 경제 체제를 운용하기에 무리가 있는 성장률로 볼 수 있다.

〈그림 7〉에 의하면, 2010년대 민간 부문 활력이 떨어지는 대신에 정부 지출이 전체 성장을 좌우하는 사실상 '정부주도 성장'이 나타났으며, 그 정점은 2019년이다. 하지만, 2020~2022년 코로나19 보건 위기 이후 정부 부문의 성장 기여도가 떨어지고 있다. 이는 그 당시 성장률이 음(−)에서 양(+)으로 반전하는 과정에서 민간 부문의 성장 기여도가 상대적으로 정부의 그것보다 컸다는 것인데, 특히 반도체, 석유화학, 자동차 품목 등과 같은 대기업의 수출이 이러한 성장률의 반전에 크게 한몫했다. 한편, 그 당시 정부 지출이 성장률을 반전시킬 만큼 충분한 규모로 이루어지지 않았다는 것을 반증하는 것으로 볼 수도 있다. 또한 2010년대 이후 성장률이 2% 내외에서 내림세로 횡보하고 있으며, 코로나19 보건 위기 이후 반등했다가 다시 떨어지

<그림 7> 2000년대 이후 한국의 경제 성장률 추이

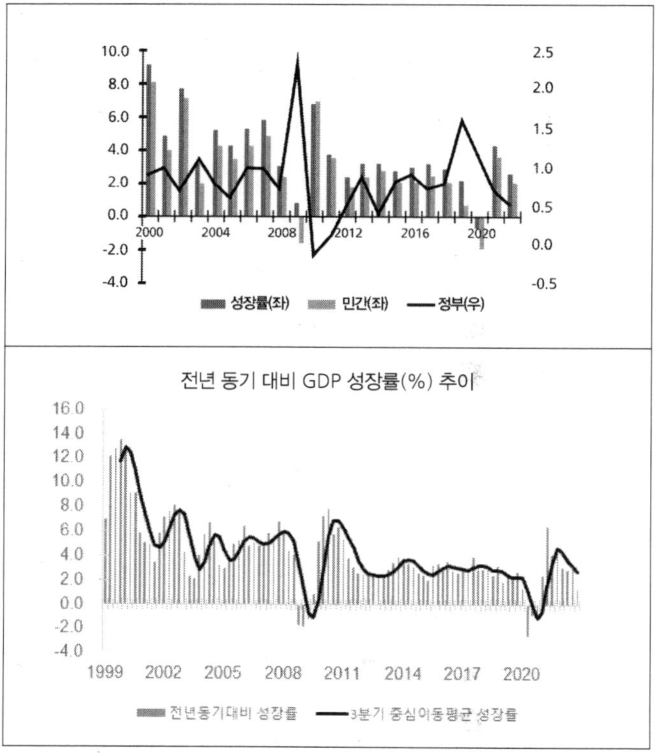

자료: 한국은행(http://bok.or.kr).

고 있다. 이런 추세라면 2%의 성장률도 달성하기 힘들 것으로 예상되는데, 최근에는 0%대에 진입하기에 이르렀다.

이는 하비(Harvey, 2010)가 언급한 3%의 성장률에 크게 못 미치는 수준이다.

전술한 바와 같이, 대외 환경의 변화는 한국 경제에 중대한 영향을 미친다. 러시아-우크라이나 전쟁으로 인한 에너지와 곡물 가격 인상, 미 · 중 패권 다툼과 코로나19 팬데믹 보건 위기에 따른 글로벌 공급망 재편, 그리고 코로나19 보건 위기 당시 풀린 막대한 유동성과 강화된 이민 정책 시행에 따른 노동 공급 제약 등으로 미국에서 인플레이션 압력이 높아졌다. 이러한 인플레이션 압력은 미국을 넘어 전 세계적으로 전이 또는 수출되고 있다. 여기에다 한국의 경우 중국이 코로나19 확산 방지를 위해 시행했던 경제 활동에 대한 강력한 폐쇄 조치를 중단함에 따라 중국 제조업의 중간재 수요가 증가할 것이고, 이는 한국에 경제적 이득이 될 것이라고 기대했지만, 그렇지 않았다. 이러한 중국의 경제 활동 재개 효과의 미약으로 한국의 대중국 주요 수출 품목인 반도체와 석유화학 제품의 대중 수요가 위축되면서 한국의 대중 수출이 급감했다. 이에 따라 2020년 1월부터 2월을 제외하고 2023년 5월까지 전체 무역 수지가 계속하여 적자를 기록했다. 2023년 6월 이후 흑자 기조로 돌아섰지만, 경제 불황에 따른 수입 감소 폭이 수출 증가 폭보다 더 큰 것에 기인한다(〈그림 8〉 참조).

<그림 8> 무역 수지와 원화 환율 추이

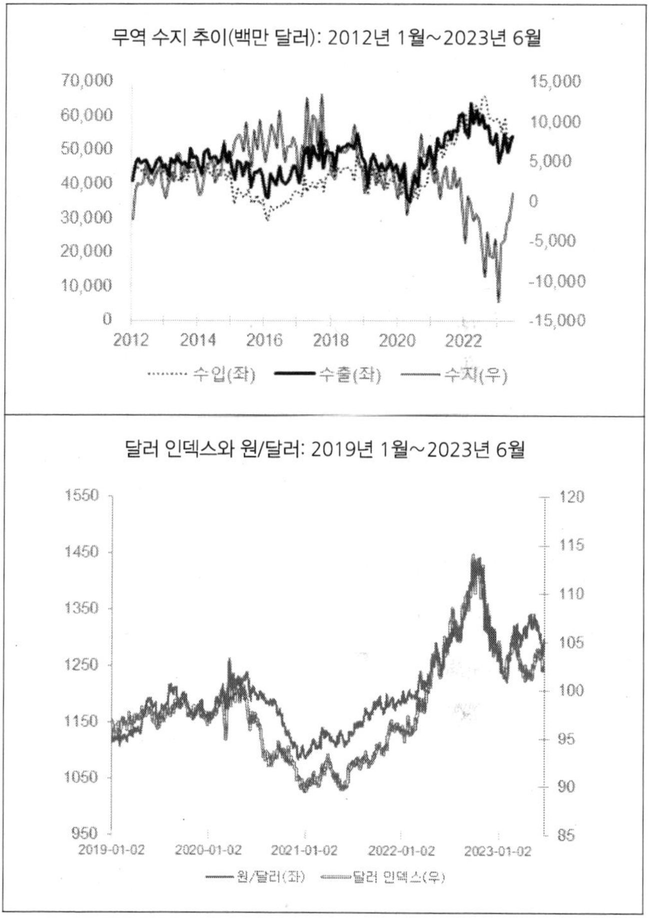

자료: 관세청(https://unipass.customs.go.kr/ets/), Yahoo Finance(https://finance.yahoo.com/).

이러한 무역 수지 적자에도 불구하고 해외로부터의 배당 수입 등으로 경상 수지는 소폭 적자 또는 흑자를 유지하고 있다. 이처럼 글로벌 제조업 경기 침체가 오래가면 한국 경제의 침체가 장기화할 가능성이 크고, 특히 지정학적 긴장과 갈등에 따른 에너지와 곡물 수입 가격 변동은 이러한 무역 수지 패턴에 추가로 부정적인 영향을 미칠 수 있다. 특히 반도체와 같은 특정 품목과 중국과 같은 특정 지역에 대한 무역 의존도가 높은 것은 한국 경제의 지속 가능성에 위협을 가하고 있다.

미 연준이 연방 정책 금리를 인상하면, 통상적으로 달러 가치가 강해지고 원화 가치는 떨어진다. 〈그림 8〉에서 보듯이, 2019년 이후 대체로 주요 6개국 통화 대비 미 달러 가치를 보여 주는 달러 인덱스와 원/달러 간에 동조화가 나타나고 있다. 그러나 2023년 4~5월 사이 달러 가치가 약세였지만, 원화 가치도 반등한 것이 아니라 오히려 약세였다. 한국은행(2023)은 환율 변동성이 연준의 금리 인상 이후 장기 평균을 계속해서 상회하고 있다고 지적하고, 최근의 원화 약세는 무엇보다 무역 적자, 그 이외에 내외 금리차와 CDS 프리미엄 등에 기인한다고 추정했다. 이런 점에서 보면 무역 수지는 환율과 긴밀한 연관을 보여 준다. 최근 무역 수지 적자가 줄어들면서 원화 가치도 점차 안정

<그림 9> 위험 등급별 부채 가구 비중(%): 2000~2022년

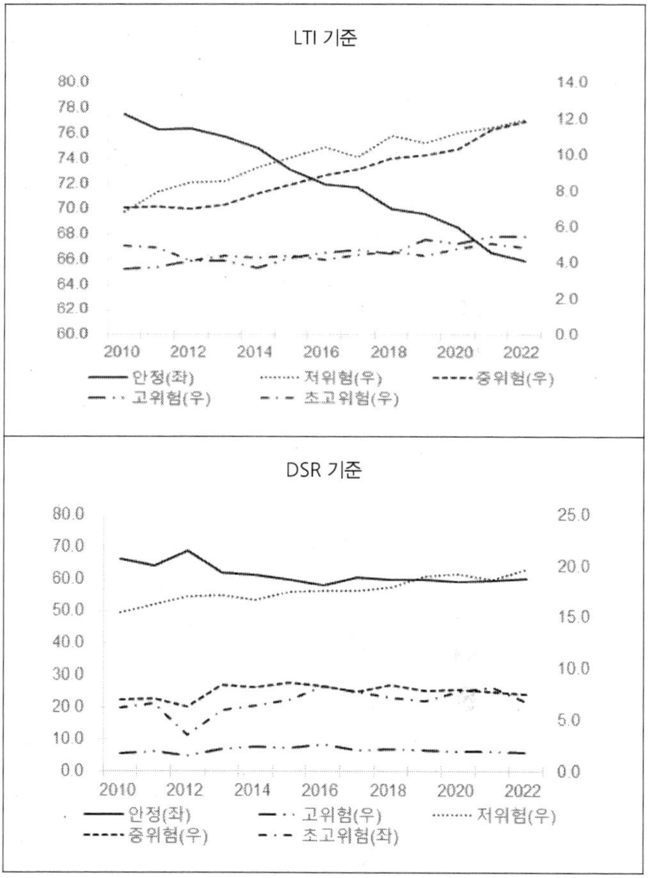

주: 1) LTI = 총부채/처분가능소득; DSR = 원리금 상환액/처분가능소득

2) 중위험 이상이면 한국은행이나 관련 전문가들이 위험하다고 판단함.

자료: 통계청 가계금융복지조사 원자료에서 재구성.

되고 있지만, 전술한 바와 같이 이러한 기조가 안정적이지만은 않다는 것이 문제다.

주지하는 바와 같이, 미 연준의 금리 인상에 따라 한은도 금리를 인상해 왔다. 이러한 기준 금리 인상은 가계의 부채 상환 부담을 가중한다. 과도한 부채를 짊어진 가계는 변동 금리 대출이 대부분이라 원리금 상환 부담이 더욱더 가중될 수밖에 없는 것이 한국의 금융 현실이다. 특히 제조업 경기가 좋지 않아 가계 소득 증가의 여력도 크지 않다. 따라서 인상된 금리 수준이 지속된다면 부채를 짊어진 가계는 원리금 상환이 더 힘들어지고 연체를 경험할 수도 있다. 이처럼 가계 부채 문제는 한국 경제의 아킬레스건이라는 것은 주지의 사실이다.

〈그림 9〉에서 보듯이, 저량과 유량 척도를 혼합한, 처분가능소득 대비 총부채 비율인 LTI(Loan to Income) 지표로 본 가계 부채 위험 정도는 시간에 따라 높아지고 있다. 특히 저량 지표인 총부채원리금상환비율(Debt Service Ratio)과 달리 LTI의 중위험 등급 비중은 상대적으로 높다. 반면에 DSR 지표로 본 가계 부채의 위험 정도는 한국은행이 설정한 중위험 이상 등급의 비중에는 못 미치지만, 저위험 등급 비중이 지속적으로 증가하고 있다. DSR 지표는 자산 가격의 급격한 상승과 초저금리로 인한 이자 부담의 일

시적 경감 등과 같은 사정을 반영하고 있다.[4] 반면, 이와 무관한 LTI 지표는 선형으로 증가하고 있다. 국제결제은행(Bank for International Settlements: BIS) 기준으로 GDP 대비 가계 부채 비율이 2014년 4분기에 이미 위험선인 80%[5]를 넘어섰으며, 2022년 4분기에는 105.0%에 이르렀다. 이를 보면 알 수 있듯이 가계 부채 문제는 한국 경제의 아킬레스건이 분명하다. 물론 가계 부채 증가 이상으로 소득이 증가하면 이러한 고부채도 관리할 수 있지만 저출산 · 고령화와 산업의 점차적인 경쟁력 하락 등으로 저성장 기조가 이어지면, 이는 실현 가능한 전망이 아니다.

2022년 기준 유량 지표인 DSR과 저량 지표인 자산 대비 부채 비율(Debt To Asset)의 결합 분포를 보면, DSR 측면에서 중위험 등급 이상으로 가계 부채 위험이 감지되지

---

4) DSR 지표로 보면 많은 가계 대출이 원리금 균등 상환 고정 담보대출이 아니라 이자 거치식 변동 담보대출이므로 원금 상환 부담이 지표 계산에 많이 포함되지 않아 가계 부채 위험은 그다지 크지 않은 것으로 나타날 뿐이다.

5) 실증 연구에 따르면, 80% 이상이 되면 가계의 원리금 상환 부담이 가중되고 그에 따라 소비 여력이 줄어들며, 이는 결국 성장에 부정적 영향을 미치는 것으로 알려져 있다. 따라서 한국은행은 80%를 기본 목표로 삼고 있다.

만, DTA 측면에서는 안정 등급으로 가계 부채 위험이 없어 보이는 가구 비중이 매우 높다(〈표 2〉 참조). 가령, 중위험(DSR)-안정(DTA) 등급 쌍이 84%로 높다. 이처럼 유량 지표(DSR) 수준은 과다 부채 가구이지만, 저량 지표(DTA) 기준으로는 과다 부채 가구가 아닌 쌍의 비중이 높다는 것은 가계 대출을 활용한 자산 시장 투자가 일반적이라는 것을 시사한다. 또한, 이러한 형태의 대출은 금리 변동 시 원활한 부채 상환에 위협을 가할 수 있으며, 자산 시장 붐이 꺼지면 자산 가격 하락으로 DTA 지표가 상승하고, 부채 상환 압력이 가중되어 가계 부채 위험이 고조될 가능성이 크다는 것을 함의한다. 따라서 현재 가계 부채 위험은 부동산 경기가 경착륙하지 않거나 경기 침체가 가시화되지 않으면 관리할 수 있는 것으로 보인다. 부동산 경기의 연착륙을 위해 현 정부는 여러 가지 대책을 강구하고 있는데, 그중 하나로 특례보금자리론을 운용하고 있다. 또한, 가계의 원리금 상환 부담을 줄이기 위해 금융기관에 가계 대출 금리 인상을 자제토록 권고하고 있다. 하지만 이처럼 빚으로 빚을 막는 임기응변적인 신용 할당을 수반하는 미시적인 금융 정책이 중·장기적으로 위기를 더욱 더 가중할 수도 있다.

OECD 국가에서 65세 이상 고령 인구 비중이 상승하고

〈표 2〉 DSR과 DTA 위험 등급별 결합 분포(%): 2022년

구분		DTA				
		안정적	저위험	중위험	고위험	초고위험
DSR	안정적	89.0	4.0	2.0	2.0	3.0
	저위험	87.0	6.0	2.0	2.0	2.0
	중위험	84.0	8.0	3.0	3.0	3.0
	고위험	81.0	9.0	4.0	3.0	3.0
	초고위험	80.0	9.0	4.0	3.0	3.0

주: DSR = 원리금 상환액/처분가능소득; DTA = 총부채/총자산
자료: 통계청 가계금융복지조사 원자료에서 재구성.

있는 것은 주지의 사실이다. 세계 평균은 1950년 5.1%에서 2020년 9.3%로 증가했으며, 2002년 이후 고령 인구 비중이 7%를 넘어서는 바람에 세계 전체가 '고령화 사회'로 진입했다. 한국의 고령 인구 비중이 1950년 2.9%에서 2020년 15.7%로 급격히 증가했다. 2020년 현재 고령 인구 비중이 20% 이하인 국가는 한국, 영국, 미국으로 '고령 사회' 국가이고, 덴마크, 프랑스, 독일, 이탈리아, 일본, 스웨덴 등의 국가는 20%를 넘는 '초고령 사회' 국가다. 인구 고령화는 인구 위기의 한 단면으로 전 세계가 이를 겪고 있지만, 우려의 정도는 국가별로 상이하다.

〈그림 10〉 가구 소득과 자산 불평등(지니계수)

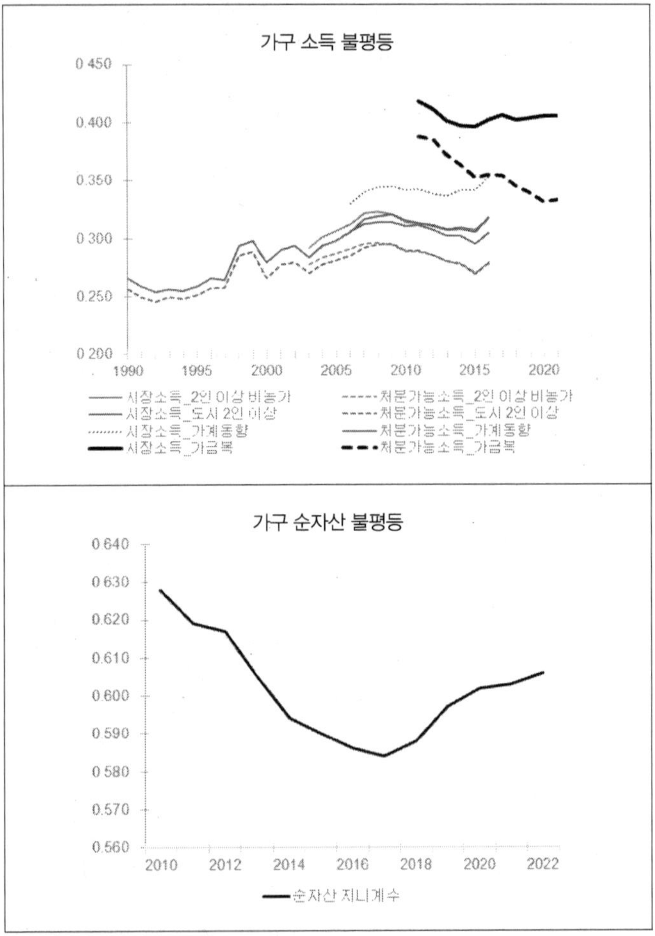

자료: 통계청(https://kosis.kr/index/index.do).

인구 위기의 또 다른 차원은 출산율 저하다. 세계 전체로 출산율 수준이 1960년에 비해 2019년에 줄어든 것이 사실이다. 그러나 프랑스, 덴마크, 미국 등은 일정한 수준의 출산율을 장기적으로 유지하고 있다. 특히 중국, 인도, 한국의 급격한 출산율 저하는 두드러진다. 2019년 기준으로 출산율이 가장 낮은 국가는 한국으로 0.92명이다. 이에 따라 한국은 출산율 반전이나 대규모 해외 인구 유입이 없으면 인구가 감소할 가능성이 크다.

여기서 주목할 만한 것은 2000년대 이후 2010년대 중반까지는 출산율이 횡보하다가 그 이후 출산율이 다시 급격히 떨어지고 있다는 점이다. 한국에서 2010년대 중반 이후 출산율이 더 떨어진 것에 대한 심층적인 조사와 연구가 필요하다. 그 시점은 조선과 일부 자동차 부품산업의 구조조정으로 경기 회복을 위해 '빚내고 집 사라'는 부동산 경기 부양책이 시작되던 때이고, 밖으로는 2015년 6월에 중국 증시가 폭락해 세계적으로 경기가 좋지 않던 때다.

격차 심화: 소득 · 자산, 지역, 세대 간 격차를 중심으로

1990년대 이후 2000년대 중반까지 시장소득이든 처분가능소득으로든 가구 소득 불평등이 심화하였으나, 2008년 글로벌 금융 위기 이후 양 소득의 불평등 수준이 다소

〈그림 11〉 역외 소득 유출입과 글로벌 가치 사슬

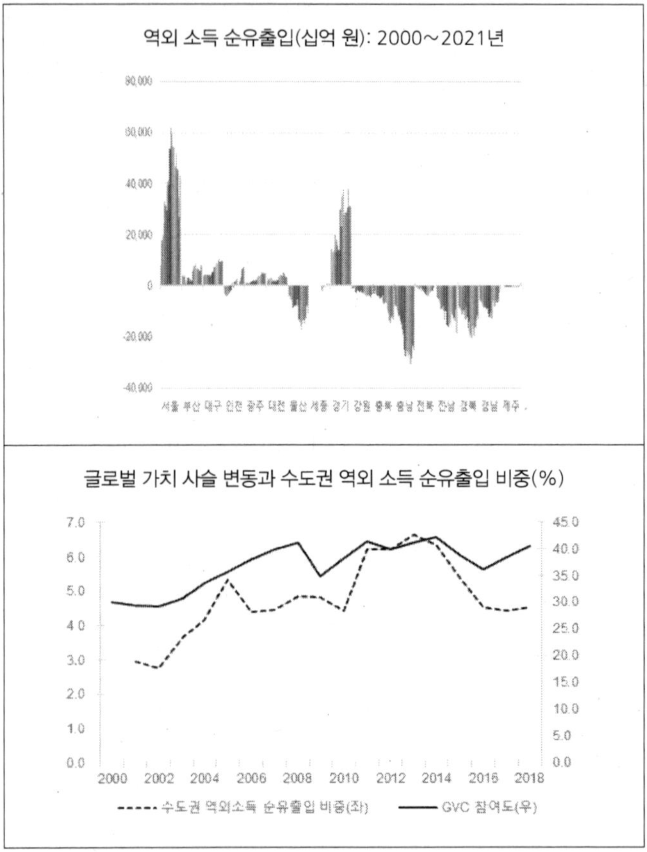

주: 1) 글로벌 가치사슬의 참여도는 전방연계와 후방연계의 합으로 정의됨.
2) 수도권 역외 소득 순유출입 비중의 시차는 1년임.

자료: 통계청(https://kosis.kr/index/index.do), OECD TiVA(https://stats.oecd.org/)

완화되었다. 그러나 2010년대 중반 이후 시장소득 불평등은 늘어났으나, 처분가능소득의 그것은 그렇지 않다(〈그림 10〉 참조). 이는 지난 정부의 저소득층에 대한 공적 지원과 같은 소득 보장 정책과 연금 수급의 본격화 등에 기인한다. 반면에 2010년대 중반 이후 그 이전과 달리 부동산 경기가 활성화되면서 가구 순자산 불평등이 늘어났다. 따라서 2010년대 중반 이후 시장 가구 소득과 순자산 불평등 수준이 높아졌다고 볼 수가 있다.

한국의 가구 소득 불평등 수준은 미국과 이스라엘을 제외하고는 다른 OECD의 그것보다 높은 편이다(정준호, 2021; 정준호 · 이일영, 2022). 반면에 가구 순자산 불평등 수준은 그렇지 않다. 그렇지만 가구 자산의 대부분을 차지하는 부동산의 불균등한 가격 인상 등으로 체감적으로 느끼는 자산 불평등 수준은 높은 편이다.

2010년대 이후 기존 낙후 지역의 주변화와 비수도권 산업 도시의 경제적 쇠퇴라는 '이중의' 지역 문제가 나타나고 있다. 기존 농산어촌의 낙후 지역은 저출산 · 고령화로 지방 소멸의 길로 접어들었으며, 이와 동시에 부울경(부산 · 울산 · 경상남도)과 같은 기존 산업 지역의 구조 조정으로 소위 한국판 러스트 벨트(rust belt)가 등장할 가능성이 커지고 있다(정준호, 2021; 정준호 · 이일영, 2022).

〈그림 12〉 수도권과 비수도권 간 일자리의 질 비교

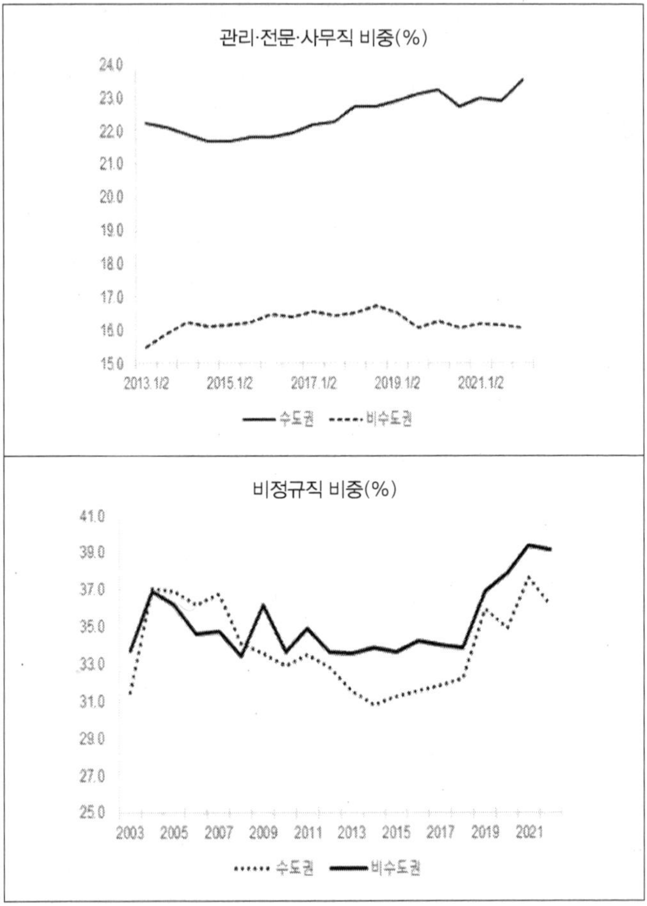

주: 비정규직의 지역별 비중은 각 연도 8월 기준임.

자료: 통계청 경제활동조사, 지역별 고용조사.

한국에서 지역 문제는 자원과 요소 및 권력의 과도한 수도권 집중 문제이다. 이를 지탱하는 지역 경제는 구상(예: 수도권)과 실행(예: 비수도권)이 공간적으로 분리된 분공장 경제 체제[6]며, 글로벌 가치 사슬 변동과 긴밀하게 관련되어 있다(정준호, 2021; 정준호 · 이일영, 2022). 수도권 중심의 단핵 공간 구조는 각종 자원과 발전 기회를 중심지인 서울과 그 주변으로 빨아들인다. 〈그림 11〉에서 보는 바와 같이 비수도권의 산업 지역에서 비수도권의 광역 대도시와 수도권으로 생산소득이 계속해서 순유출되고 있다. 또한, 한국 경제는 대기업의 수출 주도로 성장했는데, 이를 구성하는 지역 경제는 글로벌 가치 사슬의 변동과 긴밀하게 연관되어 있다. 2010년대 초반 이후 GVC(Global Value Chain) 참여도 변동과 1년 시차를 두고 수도권으로의 역외 소득 순유출입 비중이 동조화되어 있다.

전술한 바와 같이 한국의 지역 경제는 분공장 경제 체

6) 분공장 경제 체제는 수도권은 주로 본사와 R&D 업무를 수행하고, 반면에 지방은 생산과 기능 업무를 처리하는 노동의 공간적 분업을 일컫는다. 또한 비수도권의 생산 공장은 의사 결정의 자율성이 제약되어 있다.

제에 기반하므로 수도권에는 청년층이 선호하는 화이트칼라 일자리가 초집중되어 있으며, 특히 2010년대 중반 이후 관리 · 전문직과 사무직 등 화이트칼라 일자리의 수도권 비중이 계속해서 상승하고 있다(〈그림 12〉 참조). 한국경제가 저성장 기조로 진입하고 민간 부문의 활력이 저하되면서 소위 화이트칼라를 위시한 괜찮은 일자리 창출이 제한적인데, 청년층은 이러한 직업 탐색과 구직을 위해 이들 일자리가 초집중된 수도권으로 이동한다. 반면, 근로형태 측면에서 본 비정규직의 지역별 비중을 보면 알 수 있듯이, 비수도권의 비정규직 점유율이 수도권의 그것보다 더 높다(〈그림 12〉 참조). 이러한 점에서 보면 비수도권 대비 수도권 일자리 질이 더 양호한 편이다(정준호, 2021; 정준호 · 이일영, 2022).

주지하는 바와 같이, 국토 전반에서 저출산 · 고령화가 가속화되고 있으며, 특히 비수도권에는 고령화 효과가 수도권의 그것보다 더 심하게 나타나고 있다. 이러한 인구위기가 지역 문제로 대중적으로 회자되는데, 이는 최근 수도권으로의 청년층의 순인구 이동에 기인하는 바가 크다. 수도권으로의 순인구 이동 추이는 2000년대 이후 감소하다가 2010년대 중반 이후 반전했으며, 15~34세의 청년층이 이를 주도하고 있다(〈그림 13〉 참조). 2000년대 초반

〈그림 13〉 수도권으로의 순인구 이동과 제조업의 수도권 집중

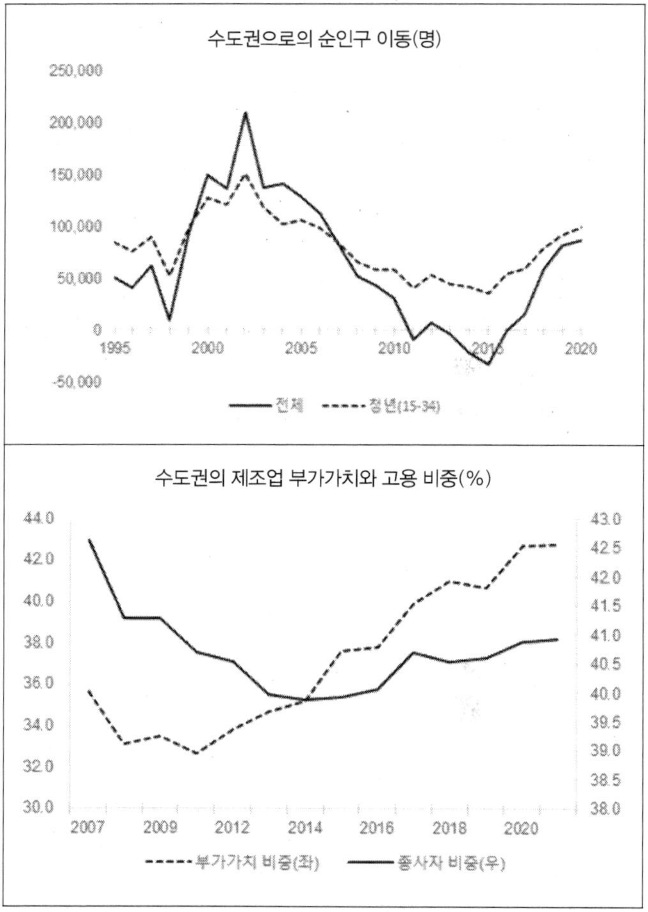

주: 사업체 10인 이상 대상임.

자료: 통계청(https://kosis.kr/index/index.do).

이후 2010년대 중반까지는 전반적으로 비수도권으로의 순인구 유입이 증가하고 있었다는 점에서 수도권으로의 순인구 이동은 부분적으로는 2010년대 중반 이후 일부 산업에서의 구조 조정과 이에 따른 경제 활력 저하와 연동되어 있다고 볼 수 있다. 이러한 인구 이동의 주요 요인으로 일자리 탐색, 상급 학교 진학 등의 교육, 이사와 같은 부동산 문제 등이 거론된다. 또한 수도권으로의 순이동 증가 요인으로 수도권의 인프라 개선과 그에 따른 수도권의 순재정 편익 향유도 무시할 수 없다. 즉, 기업 본사 상당수가 입지하고 주택 가격이 높은 수도권에서는 다른 지역에 비해 조세 징수 편익을 누려 조세 수입이 지출을 넘어서는 순재정 편익이 발생한다(김정훈, 2003; 정준호, 2021).

2010년대 중반 이후 한국 경제는 이전과 달리 저성장 · 저투자 경로에 들어가고 있으며, 이에 따라 기존 수도권과 비수도권 간 공간 분업을 전제하는 국민 경제의 공간 구조가 재편되고 있다. 새로운 파괴적인 기술 발전과 고부가가치 산업의 수도권 선호로 자원과 인구의 수도권 집중이 더 가속화되고, 수도권 내 구상과 실행의 공간적 통합이 일어나고 있다(정준호, 2021; 정준호 · 이일영, 2022). 이를 반영하듯이, 2010년대 중반 이후 제조업 부가가치와 종사자의 수도권 비중도 증가하기 시작했다(〈그림 13〉 참조).

<그림 14> 세대 간 격차의 단면

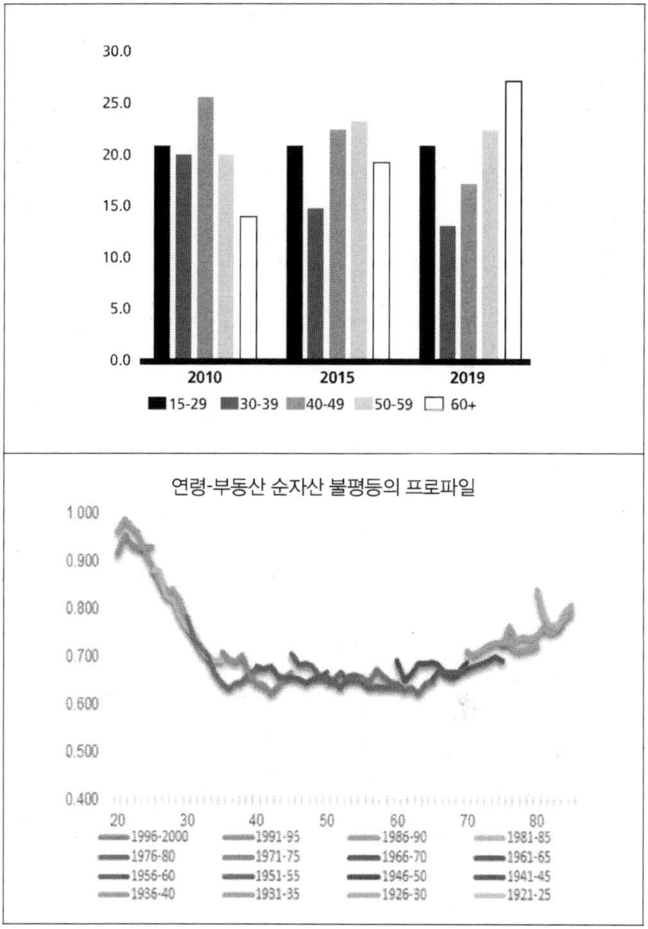

주: 불평등 척도는 지니계수이고, 실선은 가구주의 각기 다른 코호트를 말함.
자료: 정준호·이일영(2022), 통계청 가계금융복지조사 원자료.

〈그림 14〉에서 보는 바와 같이, 청년층과 고령층의 비정규직 비중이 상대적으로 높다. 특히 베이비 붐 세대의 노동 시장 재진입으로 고령층의 비정규직 비중이 늘어나고 있다. 이를 보면 비정규직도 최근 들어 연령대별 양극화 현상이 나타나고 있다(정준호 · 이일영, 2022).

연령대별 부동산 순자산 지니계수 분포는 완만한 U자형이다. 20~30대 중반까지 지니계수가 상대적으로 크고, 30대 후반~60대 초반의 경우 상대적으로 지니계수가 낮다. 그 연령대 이후 다시 지니계수가 증가한다. 따라서 '베이비붐 세대'에서는 지니계수가 상대적으로 낮으며, 20~30대 중반에서는 상속 · 증여 효과로 세대 내 불평등도가 커서 부동산 자산의 양극화 정도가 심하다.

소결

요약

앞서 논의한 내용을 간략히 요약해 보자. 한국의 성장 체제는 동아시아 모델1의 단계와 동아시아 모델2의 단계로 구분될 수 있다. 동아시아 모델1이라고 부를 수 있는 제1단계 한국형 성장 체제는 1960~1980년대 한 · 미 · 일

국제 분업 체제에 근거해 형성된 것이다. 1990년대의 탈냉전 및 글로벌화 조건하에서 전개된 동북아 분업 구조 속에서 제2단계의 새로운 성장 체제가 형성되었다. 이때 한국은 글로벌 가치 사슬 형성에 따른 동북아 분업 구조를 잘 활용하면서 일정 정도의 내부 혁신을 이루어 새로운 성장의 모멘텀을 확보했다. 한국의 대기업은 글로벌 플레이어로 성장했으며, 한국 경제는 선진국 수준을 거의 추격하는 데 이르렀다.

그러나 동아시아 모델2에 해당하는 한국형 성장 체제는 2010년대 중반 이후 정체나 후퇴의 국면에 들어선다. 이때부터는 중국의 추격 성과가 한국의 대중국 경쟁 우위 축소를 압박하는 현상이 가시화되었다. 반도체 산업과 중국 시장에 대한 의존도가 큰 한국의 성장 체제는 성장률 침체 현상이 뚜렷해졌다. 2010년대 이후 한국의 성장률은 2% 내외에서 내림세로 횡보하면서 세계 경제 성장률을 밑돌기 시작했다.

2010년대 중·후반부터는 미국·중국의 보호주의 경쟁, 무역 수지의 악화, 원화 가치의 불안정, 가계 부채의 위험, 인구 구조의 악화 등 성장을 압박하는 요인이 중첩되었다. 국제 분업 구조의 변화와 내부 혁신 동력의 소진은 급속한 성장률이라는 동아시아 모델의 핵심적 특징을 유지하기 어렵게 한다. 게다가 2010년대 중반부터는 소득 · 자산, 지역, 세대 등 여러 방면에서의 격차 또는 불평등이 빠르게 악화되고 있다. 한국형 성장 체제가 '비공유적 저성장(unshared low-growth)' 구조로 전화하고 있다. 이는 한국형 성장 체제가 체제적 위기에 직면하고 있고 '동아시아의 기적'이 종료되는 역사적 국면에 진입하고 있음을 의미한다.

요약하면, 우리는 한국형 성장 체제 제1단계의 공유적 성장 모델뿐만 아니라 제2단계의 비공유적 성장 모델까지 포함하여 동아시아 모델로 지칭할 수 있다고 본다. 그러나 2010년대 중반 이후의 비공유적 저성장 추세로의 변화는 동아시아 발전 모델이 재생산되기 어려운 체제적이고 역사적인 위기를 의미한다고 판단한다.

위기 대응과 새로운 성장 체제

그러면 한국형 성장 체제의 위기에 국가는 어떻게 대응하고 있는가? 2010년대에 심화된 저성장과 격차 확대 문제에 박근혜 정부와 문재인 정부는, 물론 정책 성과에 대해서는 부정적인 평가가 많지만 나름의 정책 비전을 내세워 대응했다. 박근혜 정부는 경제 민주화 공약을 내세웠다가 가계 부채 확대와 특정 산업 거점을 육성하는 성장 정책으로 선회했다. 문재인 정부는 소득 주도 성장, 혁신 성장, 한국판 뉴딜을 내세웠다. 박근혜 정부와 문재인 정부 모두 산업 혁신과 함께 가계 소비력을 부양하는 방향을 취하였다.

이에 비해, 윤석열 정부는 정책 비전의 체계화를 시도하지 않는 독특한 사례라고 할 수 있다. 굳이 윤석열 정부 정책의 특징적 요소를 추출해 보면, 첫째, 방관적 거시 정책, 둘째, 재량적 미시 정책, 셋째, 복고적 산업 정책 등으로 개념화해 볼 수 있을 것이다.

이에 대해 더 부연하면, 첫째, 저성장과 경기 침체에 대한 거시 정책 대응이 없다는 것이다. 미국과 중국의 보호주의 경쟁, 미국의 금리 인상, 전 세계적인 공급망 교란, 무역 수지 적자 등에 대한 재정 정책 차원의 체계적 대응책이 보이지 않는다. 둘째, 시장의 위기에 대한 구조적 해법 대신 사법적 수단 위주로 대응하고 있다. 부동산 시장 침체에 따른 '역전세' 문제를 '전세 사기' 문제로 사실상 제한하거나, 노동 시장이나 금융 시장의 문제를 사법적 · 행정적 제재로 대응하고 있다. 셋째, 정부가 직접 개입하여 특정 산업을 육성하려는 과거식 산업 정책을 부활하고 있다. 특히 반도체 분야에 집중된 지원책은 물량 중심의 투자 주도 전략으로 생태계 전반의 균형적 발전을 막는 특정 기업 중심의 폐쇄적 구조를 만들 가능성이 있다.

2010년대 이래 한국은 성장 체제의 위기에 대해 파편적 · 분열적으로 대응해 왔다. 이러한 추세가 계속될 경우 성장 체제의 붕괴는 불가피할 것이다. 그러면 대안은 없는가?

체제적 위기에는 체제적 대안으로 활로를 찾아야 한다. 한국형 성장 체제의 성공이 이제 제약 조건으로 전환했다는 인식이 필요하다. '비공유적 저성장', '분열적 저성장'의 모순적 구조를 가지고는 성장 체제의 안정성을 유지할 수 없는데, 이러한 구조는 미 · 중 갈등의 세계 체제 또는 국제 분업 구조와 결합되어 있다. 이에 따라 동아시아 모델1의 성장 체제, 동아시아 모델2의 성장 체제의 기원으로부터 새로운 체제 모델의 요소를 다시 모색해 볼 필요가 있다.

동아시아 모델1의 한국형 성장 체제는 1960~1965년에 형성되었고, 이는 '1960~1965년 체제'로 부를 수도 있다.[7] 1950년대 말 미국은 냉전 수행을 위해 원조 감축과

---

7) 발전 국가 논의에서는 토지 개혁, 수출 주도 제조업, 금융 억압 등을 중요한 요소로 논의하기도 한다. 이 장에서는 세계 체제와 성장(발전)을 위한 수요-공급 체계의 연결로서의 성장 체제를 논의하였다. 한국의 경우 발전 국가 논의나 성장 체제 논의에서 모두 1950년대의 역할은 제한적·간접적이다. 한국은 1950년대를 통해 한국전쟁의 패

일정한 '자립'을 요구했다. 4 · 19 혁명에서 국민적 차원의 정치 · 경제 체제 형성의 의지가 분출되었고, 1960년대에는 장면 정권이나 박정희 정권 모두 경제적 '자립'을 강하게 의식했다. 4.19 혁명의 자유주의, 민족주의, 발전주의 경제 이념은 5 · 16 군사 정변과 박정희 정권 수립, 한일 협정 체결을 거치면서 발전주의 우위의 성장 체제(동아시아 모델1)로 귀결되었다(이일영, 2023a). 세 차례의 민주화 국면(1960년, 1987년, 2017년)은 한국형 성장 체제에 자유주의와 민족주의의 영향을 부가했다. 특히 1987~1992년의 국면에서는 글로벌화, 한중 수교 등을 계기로 새로운 국제 분업 구조에 연결된 성장 체제를 형성했다(동아시아 모델2).

여러 차례의 민주화 국면에서 제기된 공유적 지향성은 성장 체제에 착근되지 못하고 발전주의 위주의 체제가 지속되었다. 그러나 미국 · 일본 또는 중국과 연결된, 수도권 중심의 성장 체제는 한계에 부딪힌 상황이다. 이제 비공유

배를 방어하면서 미국에 의존하는 안보 체제를 수립했지만, 정치·경제 체제 차원에서 안정적 재생산 방식을 확보하지는 못했다. 1950년대에는 분단과 전쟁은 정치적 권위주의를 강화했으며, 재정의 절반 정도를 원조에 의존하는 상황이었다.

적 · 분열적(unshared and fragmented) 추세를 저지하고 공유적 · 균형적(shared and balanced) 지향성을 다시 강화해야 한다. 이를 위해 미 · 일 · 중, 수도권 중심주의를 넘어서고 보편적 세계주의 · 지역주의를 지향하는 공화주의 대안을 모색할 필요가 있다(이일영, 2023b).[8)]

---

8) 공화주의 대안에 대해서는 다른 기회에 좀 더 구체적으로 탐색하기로 한다. 경제적 공화주의의 큰 방향은 미국·일본·중국에의 편중을 넘어서는 세계 공화주의, 서울 및 수도권으로의 집중을 넘어서는 지역 공화주의의 추진이라고 생각한다. 경제적 분기와 정치·사회적 분열에 대항하는 공화주의의 역할에 대해서는 이일영(2023b)을 참조.

참고문헌

김공회(2023). 윤석열 정부 1년의 경제 정책: 개괄과 전망. 『동향과 전망』, 118호, 70~103.

김선배 · 김영수 · 이상호 · 정준호(2010). 『광역경제권 글로벌 경쟁 거점 클러스터 육성전략과 과제』(연구보고서 2010-566). 산업연구원.

김세직(2016). 한국경제: 성장 위기와 구조개혁. 『경제논집』, 55권 1호, 3~27.

김정훈(2003). 『지방자치단체 순재정편익과 지역 간 균형발전에 관한 연구』. 한국조세연구원.

이근(2014). 『경제 추격론의 재창조: 기업 · 산업 · 국가 차원의 이론과 실증』. 서울: 오래.

이일영(2023a). 4 · 19와 한반도 체제. "제6회 4 · 19혁명 국제학술회의", 4 · 19 민주혁명회 · 강북구, 2023. 4. 13.

이일영(2023b). 공화주의 커먼즈의 이론과 정책에 관한 시론적 탐색. 『동향과 전망』, 117호, 172~206.

정준호(2016). 미국 제조업 르네상스 정책과 리쇼오링 현상 분석. 조성재(편). 『글로벌 생산 네트워크와 동아시아의 일자리 변동』(265~313쪽). 한국노동연구원 연구보고서.

정준호(2021). 글로벌 가치사슬과 한국의 지역 간 격차: 2010년대 이후를 중심으로. 『경제와 사회』, 131호, 88~125.

정준호(2022). 상생과 연대를 위한 한국 '산업 체제'의 평가와 과제. 신광영 · 윤홍식(편). 『성공의 덫에 빠진 대한민국: 역진적 선별 복지의 정치·경제적 궤적』(67~136). 서울: 후마니타스.

정준호 · 이일영(2022). 두 가지 경제적 분기와 민주화 체제의 위기.

『동향과 전망』, 116호, 70～120.

지주형(2023). 윤석열 정부의 국가 형태와 전략: 전략관계론적 분석. 『동향과 전망』, 118호, 9～69.

한국은행(2023). 『통화신용정책보고서』. 한국은행, 2023년 6월.

핫토리 타미오(2015), 북동 아시아에서의 중국경제 출현 그 충격과 장래. 김흥종 · 박성훈 · 페터가이(편). 『세계화의 새로운 국면과 도전: 한국과 독일의 경험을 중심으로』(80～114쪽). 대외경제정책연구원.

KOTRA(2023). 2023년 중국 경제정책 방향 및 유망산업. KOTRA 해외시장뉴스.
https://dream.kotra.or.kr/kotranews/cms/news/actionKotraBoardDetail.do?SITE_NO=3&MENU_ID=410&CONTENTS_NO=1&bbsGbn=242&bbsSn=242&pNttSn=200892.

服部民夫(2005). 『開発の経済社会学: 韓国の経済発展と社会変容』. 文眞堂. 유석춘 · 이사리(역)(2007). 『개발의 경제사회학: 한국의 경제발전과 사회변동』. 전통과 현대.

Aghion, P., Guriev, S., & Jo, K.(2021). Chaebols and firm dynamics in Korea. *Economic Policy*, 36(108), 593～626.

Bolt, J., & van Zanden, J. L.(2020). Maddison style estimates of the evolution of the world economy. A new 2020 update, Maddison-Project Working Paper WP-15. Faculty of Economics and Business, Groningen Growth and Development Centre, University of Groningen.

Constantinescu, C., Mattoo, A., & Ruta, M.(2014). Global Trade Slowdown: Cyclical or Structural?. Third IMF/WB/WTO Trade Workshop. 6. Nov. 2014.

The Economist(2023). Global firms are eyeing Asian alternatives to Chinese manufacturing: Can 'Altasia' steal China's thunder?. 2023. 2. 20.

Fujimoto, T.(2006). Architecture-based comparative advantage in Japan and Asia. In K. Ohno & T. Fujimoto (Eds.), *Industrialization of developing countries: Analysis by Japanese economics* (pp. 1~10). National Graduate Institute of Policy Studies, Tokyo.

Gereffi, G., Humphrey, J., & Sturgeon, T.(2005). The governance of global value chains. *Review of International Political Economy, 12*(1), 78~104.

Goldman Sachs Economics Research(2022). The path to 2075: Slower global growth, but convergence remains intact. 6 December 2022, New York.

Harvey, D.(1982). *The limits to capital.* Oxford: Basil Blackwell.

Harvey, D.(2010). *The enigma of capital and the crisis this time.* London: Verso.

National Economic Council(2016). *Revitalizing American manufacturing: The Obama administration's progress in establishing a foundation for manufacturing leadership.* Wahsington D.C.

Shintaku, J., Ogawa, K., & Yoshimoto, T.(2006). Architecture-based approaches to international standardization and evolution of business models. MMRC Discussion Paper No.96. 21COE, University of Tokyo.

Vernon, R.(1966). International investment and international trade in the product cycle. *Quarterly Journal of Economics, 80,* 190~207.

World Bank(1993). *The East Asian miracle: Economic growth and public policy.* Oxford: Oxford University Press.

02

공화주의적 대안 경제의 모색

'비지배 자유'의 경제 체제

서론

전 세계가 요동치면서 한국 경제에도 위험과 불확실성 요인이 커지고 있다. 한국 경제는 2010년대 이후 국내 체제 차원은 물론 분단 체제-세계 체제 차원의 삼중 카오스에 직면해 있다. 세계 체제는 기존의 헤게모니 질서가 무너지는 카오스 국면으로 들어섰고, 분단 체제는 다시 교착·강화되는 역전 흐름이 나타났다(이일영, 2024). 세계 체제의 카오스는 국내 체제의 분열과 불안 현상과 연결되어 있다. 정치적·사회적 양극화는 더욱 심화되었고, 정치 체제는 새로운 귀족정 형태로 향하는 중이다(장은주, 2023).

한국 경제는 비공유적 저성장 체제로 전환하였고, 지역적·세대적 분열이 심화되고 있다. 2010년대 이후 수도권 지역으로 인구와 자원이 더욱 집중되면서 수도권 공간 위주의 민주주의로 경사하고 있다. 또한 저성장과 일자리 기회 감소, 노동 시장의 이중화 심화 등으로 세대 간 · 세대 내 갈등이 커지고 있다. 비공유적 저성장 체제하의 경제적 분열이 1987년 민주화 체제를 카오스 국면으로 이끌어 가고 있다(정준호 · 이일영, 2022, 2023).

카오스 시대의 난제들은 기존의 자유(민주)주의나 공동체주의의 처방으로는 해결하기 어렵다. 새로운 사상적 자원이 필요한 상황이다. 1987년 민주화 체제 성립 이후 민주화 운동과 정권 교체만으로 민주주의는 완성되지 않는다는 성찰이 제기되었고, 그로부터 이미 공화주의에 관한 관심이 촉발된 바 있다(김경희, 2022). 또한 민주화 체제하에서도 경제 민주화는 뚜렷이 진전되지 않았고 발전주의 체제가 지속되었다. 2010년대 들어서는 미국 · 중국과 연결된 수도권 중심의 성장 모델도 한계에 부딪힌 상황이다. 이제 경제 체제의 공유적 · 균형적 지향성을 다시 강화하기 위해 공화주의 경제 대안을 모색할 필요가 있다(정준호 · 이일영, 2023).

공화주의는 다양한 전통을 지니고 있어서 쉽게 정의되지 않는 사상이다. 공화주의에는 서구의 경험과 사상에서 이어지는 흐름도 있고, 동아시아의 전통에서 뿌리를 찾는 흐름도 있다. 서구에서 발전한 공화주의는 아테네 전통과 로마 전통의 갈래로 나누어 볼 수 있다.[9] 동아시아에서는 서구 사상의 수용과 함께 유교적 공화주의와 민중적 공화주의의 뿌리를 찾아볼 수 있다.[10]

---

9) 이는 신(新)-아테네 공화주의(Neo-Athenian republicanism)와 신(新)-로마 공화주의(Neo-Roman republicanism)로 크게 나뉠 수 있다. 신-아테네 공화주의가 공동선과 정치 참여의 본질적 가치를 강조하는 '강한' 공화주의라면, 신-로마 공화주의는 비지배로서 자유를 추구하는 '약한' 공화주의라고 할 수 있다. 신-아테네 공화주의가 아테네의 경험과 아리스토텔레스(Aristotle), 루소(Jean-Jacques Rousseau) 등의 사상에서 아렌트(Hannah Arendt), 매킨타이어(Alasdair MacIntyre), 샌델(Michael Sandel) 등으로 이어졌다면, 신-로마 공화주의는 로마의 경험과 키케로(Marcus Tullius Cicero), 마키아벨리(Niccolò Machiavelli) 등의 사상에서 스키너(Quentin Skinner), 비롤리(Maurizio Viroli), 페팃(Philip Pettit) 등으로 이어졌다(유홍림, 2018). 한국에서는 신-로마 공화주의를 신(新)공화주의로 지칭하기도 한다. 이 글에서는 신공화주의, 신-로마 공화주의라는 용어를 함께 사용하기로 한다.

10) 제도적 공화주의의 수용 흐름은 1880년대의 유길준·박영효 등 개화파, 1890년대의 독립협회, 1905~1910년의 개화자강운동, 안창호 등에 의해 결성된 신민회(1907) 등으로 이어진다. 1907년의 고종 퇴위, 대한제국 군대 해산, 1911년 중국의 신해혁명, 1917년 미국의 세계 대전 참전 등도 공화주의 수용의 중요한 계기가 되었고 본다(박찬승, 2014, 53~57쪽). 한편, 김상준(2011)은 17세기 조선에 유교적 국민 국가가 성립했다고 주장하였고, 장은주(2021)는 유교적 군신공치(君臣共治)의 이념을 동아시아적 형식의 혼합정으로 이해하고자 했

이 장에서는 카오스 시대의 분열 · 갈등에 대응하는 통합적 경제 체제의 골격을 구상하기 위해 신(新)공화주의 또는 신(新)-로마 공화주의(Neo-Roman republicanism) 흐름에 우선 주목하고자 한다. 신공화주의는 자유주의와 공동체주의의 대립을 넘어서서 이를 결합 · 통합하는 자유론을 전개한 것으로 평가된다(Laborde & Maynor, 2009/2009, 15쪽). 이 장에서는 공화주의 전통에서 도출되는 공화주의의 핵심 개념을 도출하고, 신공화주의 맥락에서 논의되는 경제적 대안과 경제 체제의 원리를 고찰하고자 한다.

신공화주의 또는 신-로마 공화주의에서는 자유주의와 공동체주의의 대립을 극복하기 위해 '비지배로서의 자유(freedom as non-domination)' 개념에 논의를 집중했다. 신공화주의 담론에 따르면, 자유민은 타인의 자의적 의지에 따라 살아가는 노예와는 다르다. 이러한 독립적인 자유 시민이 존립하려면 자유주의를 넘어서는 경제적 조건이 필요하다. 지배받지 않는 자유민에게는 최소한의 복지가

다. 강정인과 권도혁(2018)은 조소앙을 민주공화제의 기원으로 평가했는데, 백영서(2022)는 이러한 조소앙의 공화주의를 민중적 개벽사상의 맥락에서 파악했다.

보장되고 민주적으로 이의를 제기할 수 있는 조건이 마련되어야 한다. 비지배 자유 개념은 정치·경제적 대안으로 연결될 수 있지만, 다른 한편으로 대안 경제에 대한 논의는 정치적 방책으로 산발적으로 제시되었을 뿐이라는 평가가 있다. 신공화주의 자유 개념을 다양한 경제 영역에 적용하고 비판과 대안을 구성하는 데까지는 충분히 나아가지 못했다는 것이다.[11]

이에 이 장에서는 신공화주의 관점에 입각한 대안적 경제 체제 모델을 체계화하는 기초 작업을 수행하고자 한다. 경제 체제는 공간적 수준에서 세계 경제, 국민 경제, 지역 경제로 구분되고 연결된다. 여기에서는 우선 국민 경제 차원에서의 공화주의적 체제 모형을 고찰하고자 한다(세계 경제, 동아시아 및 남북 경제, 지역 경제 차원에서는 다른

11) 예를 들면, 로벳과 페팃은 고전적 공화주의의 두 가지 정치적 해결책, 즉 참여적 접근과 권력 분산을 노동 시장과 같이 비대칭적인 권력 관계가 있는 경제 영역에 적용한다. 이에 대한 참여적인 해결책으로 독일식 노사협의회 또는 사회주의 국가에서 나타나는 경영 결정에 대한 노동자 참여 등이 제시되거나, 입헌적 정치적 해결책으로 국가의 민주적 규제 또는 노동자의 노조 결성과 파업 권한을 통한 대항 권력의 형성 등이 제안된다. 이는 경제 체제의 구성이라는 관점보다는 정치적 해결책의 연장선에서 논의되는 것들이다(Lovett & Pettit, 2009).

기회에 따로 논의하기로 한다). 이하에서는 공화주의를 구성하는 핵심 개념, 신공화주의의 경제적 자유론, 신공화주의의 비지배 자유를 추구하는 경제 제도 및 정책, 신공화주의적 경제의 체제 구성 원리를 차례로 논의한다.

공화주의 전통의 핵심 개념

공화주의에 관한 관심이 고조되었지만, 공화주의란 무엇인가에 바로 대답하기는 쉽지 않다. 공화주의 사상은 오랜 전통을 지니고 있으며, 다양한 형태와 갈래로 나뉘어져 있어서 명료하게 한마디로 정의하기 어렵다. 이하에서는 공화주의를 구성하는 요소들을 논의함으로써 공화주의 사상의 골격을 재구성해 보는 방식으로 접근해 보기로 한다.

기존 연구가 제시하는 공화주의 요소들은, 대체로 혼합정체(polity, mixed constitution), 시민적 덕성(civic virtue), 비지배로서의 자유(freedom as non-domination) 등으로 크게 나눠 볼 수 있다. 필립 페팃(Pettit, 1997/2012)은 공화주의 사상의 핵심 주제로 자유와 비지배의 동일시, 법의 지배에 근거한 정치의 조직(예를 들면 혼합 정체), 시민적 견제력의 회복을 들고 있다. 곽준혁(2008)은 공화주의를 그에 내재하는 정치적 원칙 · 또는 방향으로 인식했는데, 비지배적 상호성, 공화주의 국가의 적극적인 역할, 민주적 시민성 등이 그에 해당한다. 조승래(2010)는 공화주의의 핵심 사상을 '공공(公共)의 것(res publica)'으로서 공화국, 시(공)민 윤리로서의 공화주의, 자유론으로서의 공화주의로 대별했다. 유홍림(2018)은 공화주의 전통에서는 공화국, 정치적 자유의 이념, 시민 덕성(시민 윤리)을 주축으로 한다고 논의했다. 이일영(2023)은 공화주의를 구성하는 요소를 자치 정부 · 혼합 정부(제도), 자유 · 시민 덕성(형성 · 과정)으로 정리했다.

공화주의의 사상적 전통에서는 혼합 정체, 시민적 덕성, 비지배 자유 등과 같은 개념이 핵심 테마로 제시된다. 다소 도식적으로 말하면, 고전적 공화주의에서는 혼합 정체를, 신-아테네 공화주의에서는 시민적 덕성을, 신-로마 공화주의에서는 비지배 자유를 강조하였다.

고전적 공화주의는 '혼합 정체'로서의 공화국에 주목한다. 고전적 공화주의는 시민 혁명 이전의 공화주의를 의미한다. 고전적 공화주의에서는 마키아벨리로부터 로마 공화국으로까지 거슬러 올라가서 공화주의의 근원을 찾는다.[12] 마키아벨리의 공화주의 사상이 집중적으로 전개된 저작은 『로마사 논고』인데, 여기에서 다루는 핵심적 논제는 혼합 정체의 역할이다. 아리스토텔레스는 아테네의 펠로폰네소스 전쟁에서의 패인을 아테네 민주정의 극단적인 빈부 대립과 빈자들의 배타적인 정치적 지배로 보았다. 이 논의를 이어받아 폴리비오스(Polybius)와 키케로는 고대 로마 공화정의 성공 요인을 정치 세력 간의 견제 · 균형으로 권력 독점을 방지하게 한 혼합 정체의 수립으로 논의했다. 마키아벨리는 이러한 혼합 정체 논의를 집대성했다.

마키아벨리는 『로마사 논고』에서 로마의 혼합 정체가 당파적 갈등, 계층 간 욕구 충돌을 사회 동력으로 전환시키고 전제 권력의 출현을 방지하는 핵심적 기제임을 논의했다. 로마 공화정은 혼합 정체라는 공적 제도를 고안하여 구성원의 자유를 지켰다. 이때 자유는 정치 참여뿐만 아니라 타 계층으로부터 억압받지 않는 자유를 의미한다. 혼합 정체론에서 중시하는 것은, 세력 간의 혼합 대신 세력들을 대변하는 제도 간의 견제와 균형이다. 공정한 법 · 제도는

---

12) 프랑스대혁명을 거치면서, 고전적 공화주의는 로크(John Locke), 몽테스키외(Baron Montesquieu) 등의 자유주의와 루소 등의 민주주의로 분기되었다. 자유주의와 민주주의는 법의 지배와 인민 주권을 중시한 고전적 공화주의에서 파생된 것으로 볼 수 있다.

견제와 균형을 위한 공적 제도이고, 서로 다른 계층 간 공존 · 공치를 유지하기 위한 혼합 정체의 필수 요소다(김경희, 2022).[13)]

신-아테네 공화주의는 '시민적 덕성'으로서의 공화주의를 부각시켰다. 전체주의와 자유주의의 병리를 겪은 후, 서구 지성 사회는 20세기 중후반에 이르러 아리스토텔레스의 정치 이론을 재성찰하였다. 아렌트(Hannah Arendt), 포칵(J. G. A. Pocock) 등은 공화주의는 특정한 형태의 정부가 아니라 특정한 형태의 삶이라고 주장했다. 전체주의의 야수적 지배, 경제인으로서의 시장의 지배를 개탄하면서, 공적 영역에서 시민적 덕성을 발휘하는 '정치적 인간(homo civicus)'이 건설하는 공화국을 논의했다(조승래, 2010).

아렌트는 인간의 활동을 노동, 작업, 행위로 구분했다.

---

13) 민주정은 그 개념에 지배(kratia)를 함축하고 있다면, 공화정은 지배(kratia)가 없는 res publica(공공의 것, 시민자치정부)이다. 고대 아테네 민주정의 경험 속에서 공동체 구성 세력이 권력을 분점하는 혼합정을 지향하고자 한 것이 공화 민주주의라 한다면, 귀족과 인민이 긴장 관계에 있었던 로마 공화정의 경험으로부터 인민 중심의 혼합정을 강조한 것을 민주 공화주의로 부르기도 한다(김경희, 2007, 114~116쪽, 123쪽).

노동 · 작업이 사적 공간에서 이루어지는 것이라면, 공적 영역에서 이루어지는 특징적 활동이 바로 행위이다. 공적 영역은 인간이 행위와 말을 통해 공동의 일에 관해 정치를 수행하는 영역이며, 공동 감각 혹은 공통 감각(common sense)이 형성된다(김경희, 2021, 42~45쪽). 포칵은 르네상스 시기의 시민적 휴머니즘에 주목했다. 이 시기에 당시 성장하는 시민의 의식 속에서 행동적인 삶(vita activa)이 강조되고 시민이 직접 참여하여 구성해 내는 정치 체제 속에서 발현되는 시민적 덕성에 관한 관심이 형성되었다는 것이다(김경희, 2011, 14~15쪽).[14)]

신공화주의 또는 신-로마 공화주의에서는 '비지배 자유(freedom as non-domination)' 개념을 핵심에 놓는다. 이들은 한편에서는 불간섭의 소극적 자유를 옹호하고 모

---

14) 17세기 영국의 해링턴(James Harrington)은 공화주의의 혼합 정체론, 무장론, 덕성론에 토지의 자유를 추구하는 재산론을 추가했다. 이는 '덕(virtu) 대(對) 운(fortuna)'이라는 구도를 '덕 대 부패(corruption)'라는 구도로 전환시킨 '마키마벨리적 공화주의의 계기'가 되었다(김경희, 2011, 22쪽). 또한 17세기 네덜란드의 스피노자(Baruch Spinoza)는 공화국의 자유를 지키기 위한 시민적 덕성, 독립적이고 자율적인 시민, 스스로 주인이 되고 오로지 공화국의 의지만을 따르는 활동적인 삶, 정치적 동물로서의 인간의 목적을 실현하는 삶을 적극 옹호했다(조승래, 2010, 제5장).

든 간섭은 악이라고 주장하는 자유주의를 비판한다. 다른 한편에서는 공동체에의 참여를 삶의 목적으로 삼는 일원론적 공화주의에서 탈피하고자 한다. 여기에서는 시민적 덕성 또는 시민 윤리를 중시하는 목적론적 공화주의가 자칫 자코뱅주의의 신념으로 간주되는 것을 우려한다.

특히 페팃은 신-로마 또는 '이탈리아-대서양형' 공화주의의 사유 전통으로부터 출발하여 '비지배 자유' 개념을 주축으로 공화주의를 재구성하는 데 주력했다. 고전적 공화주의 전통에서의 자유는 벤담(Jeremy Bentham), 밀(John Stuart Mill), 롤스(John Rawls)에 이르는 자유주의 전통에서 제안된 '간섭의 부재(non-interference)'로서의 소극적 자유 관념으로 대체되었다. 페팃의 이론적 기획은, 이들의 자유주의적 자유 관념의 한계를 드러내면서, 루소로 대표되는 대륙형 공화주의와 공동체주의의 적극적 자유 개념의 위험성을 경계하고자 한 것이다. 개인의 자유와 함께 시민적 덕성을 옹호하는 '절충적' 자유 관념은, 정치 참여를 통한 공동선 실현을 목적으로 추구하는 것보다 현대적 상황에 더 잘 부응한다고 볼 수 있다(유홍림, 2018, 10~11쪽, 18쪽).

공화주의의 경제적 자유론

전술한 바와 같이, 신공화주의에서 부각하는 핵심 개념은 '비지배로서의 자유'다. 공동체 구성원이 비지배 자유를 누리기 위해서는 일정한 경제적 자원과 조건이 필요하다. 비지배 자유의 이론과 함께 이를 보장하기 위한 자원·조건·제도가 신공화주의적 경제 체제를 구성하는 요소들이다. 이하에서는 신공화주의의 비지배 자유 개념을 간략히 소개하고 이에 대한 정치·경제적 해석에 따라 공화주의 경제 체제의 두 가지 갈래가 파생된다는 점을 논의한다.

비지배로서의 자유

현대 공화주의 사상은 자유주의와 사회주의가 한계를 넘어서려는 관심에서 발전하고 있다. 고전적 공화주의에서는 외부 통치나 독재 권력에서 벗어난 시민의 자유를 강조하고, 절대주의를 거부한다. 여기에서는 사적 또는 파벌적 이해관계보다 공동선에 헌신하는 능동적인 시민을 양성하는 법치와 정치 제도가 논의의 핵심 쟁점이다. 로마적 전통을 재해석한 신공화주의 또는 신-로마 공화주의는 자유에 대한 새로운 이해를 제시했다. 주인과 노예로 비유되는 임금제와 위계적인 경제 체제에 대한 논의를 이론적 토대 위에 올려놓고 자유로운 사회에 대해 새롭고 풍부한 비전을 열어 놓았다(O'Shea, 2020).[15)]

신공화주의에서는 불간섭과 자기실현으로서 자유 개념을 넘어서서 제3의 개념인 비지배로서의 자유를 논의한다. 여기에서는 지배자의 자의적(arbitrary) 권력 행사에 누군가가 놓이게 되는 지배 조건을 문제로 삼는다(Pettit, 1997).[16)] 노골적인 간섭이 없고 권력 행사가 유보되어 있더라도, 언제든지 권력이 행사될 수 있는 상황에서 비롯되는 자유의 제약을 인식하는 것이다. 예를 들면, 주인의 권력 행사를 언제나 참작해야 하는 노예는 주인이 자신의 의

---

15) 경제적 자유에 대한 신공화주의 이상은 공동체의 사회적 유대에 기반한 경제(Dagger, 2006; Sandel, 2005)를 상정하는 것이 아니다. 페팃(Pettit, 1997)을 위시한 신공화주의자는 공화주의의 핵심 요소로 비지배로서의 자유를 더 강조하지만, 반면에 대거(Dagger, 2006)와 샌델(Sandel, 2005)과 같은 공동체주의 또는 시민적 공화주의자는 시민적 공공성과 자치를 공화주의의 논의 중심에 놓는다. 이에 대한 시민 경제학의 논의는 신중섭(2019)을 참조.

16) 여기서 자의적 권력이라는 의미는 모든 형태의 권력 불균형이 문제가 된다는 것을 말하는 것이 아니다. 자의적인 것은 두 가지 측면에서 정의될 수가 있다. 첫째는 타인에 대한 권력이 정의를 따르지 않을 때(도덕적 측면)이고, 둘째는 타인에 대한 권력이 잘 정립된 절차(예: 법치나 권리)에 따르지 않을 때(절차적 측면)이다(Manakun, 2022). 전자는 존 롤스의 정의론을 상기시키면 이해가 될 것이다.

지를 강요하지 않더라도 자유롭지 않다. 왜냐하면, 노예가 자신의 의지에 따라 행동하는 것이 아니라 주인의 의지와 행태에 따라 행동하기 때문이다. 즉, 주인에게는 자의적 간섭의 가능성이 주어져 있다. 따라서 공화주의적 자유는 단순한 불간섭뿐만 아니라 잠재적인 간섭 가능성으로부터의 보호까지 필요로 한다. 즉, 자유에는 비지배 조건이 필요하다.

또한, 신공화주의의 자유는 관련 당사자의 상대적 지위에 초점을 두기 때문에 주인이 자비롭다고 하더라도 노예는 자유롭지 않다고 생각한다. 따라서 자유는 자유로운 선택과 같은 것이 아니다(Pettit, 2012). 자유를 자유 선택 문제로 이해하면 자유가 왜 가치가 있는지에 대한 의문이 생긴다. 이 질문에 답하기 위해서는 존 롤스처럼 제3항으로서 정의에 호소해야 하는데, 이는 자유라는 범주를 비본질적인 것으로 만든다(Manakun, 2022). 한편, 신공화주의의 지배 개념은 주인과 노예나 기업과 노동자처럼 식별할 수 있는 개인 간 관계에 기반한 상호 관계로 이해된다. 이는 관계의 이면에 있는 구조적이고 체계적인 권력관계로까지는 확장되지 못한다. 이는 페팃이 논하는 신공화주의의 지배 개념이 갖는 한계이다(Laborde, 2010, p. 54; Rigstad, 2011).[17)]

신공화주의는 타자의 자의적 권력에 종속되지 않는 자유인, 스스로 권력을 행사하지 않고 그러한 권력으로부터 시민을 보호하려는 자유 국가, 그리고 국가를 보호 역할로 제한하는 수단으로서 깨어 있는 시민 정신이라는 3대 축으로 구성된다(Lovett & Pettit, 2009). 한편, 고전적 공화주의는 국가가 지배자가 되는 것을 막기 위해 경합 민주주의를 통해 시민에게 발언권을 부여하는 참여적 접근과 견제와 균형과 같은 권력 분산을 통해 시민을 보호하는 입헌적(constitutional) 접근을 제안한 바가 있다. 반면, 신공화주의는 고전적 공화주의를 넘어서서 비지배로서 자유 개념을 논의함으로써 자의적 지배로 자유롭지 못한 정치와 사회의 다양한 영역을 비판적으로 지적하고 개입할 수 있었다(Pettit, 2013).

비지배로서의 자유를 지향하는 신공화주의 경제 담론은 크게 두 흐름으로 나누어 볼 수 있다(Manakun, 2022). 여기서 중요한 것은 지배를 어떻게 볼 것인가이다. 시장의 지배를 주인(자본가)과 노예(노동자)처럼 상호 인격적 지배 차원에서 바라볼 수도 있고, 아니면 이를 넘어서서 비인

---

17) 마키아벨리의 공화주의 논의에서는 '다툼' 및 '불화'와 '갈등'이 기본적으로 내재하여 있다.

격적인 구조적 지배로 바라볼 수도 있다. 지배를 보는 관점에 따라 비지배의 경제적 자유에 대한 해석도 차이가 나게 된다.

첫째는 상호적 인격적 지배를 극복하려는 상업적 공화주의(commercial republicanism)다. 이는 사유 재산과 자유 시장의 규칙을 주요 제도로 삼는 경제 체제를 배경으로 한다. 상업적 공화주의는 빈곤, 경제적 독점, 직장 지배가 경제적 지배의 원천이므로 무엇보다 이에 대처할 수 있는 자원을 충분히 제공하고 접근할 수 있어야 한다고 본다.

둘째는 비인격적인 구조적 지배를 극복하려는 사회주의적 공화주의(socialist republicanism)다. 상업 사회, 즉 자본주의 시장 경제는 공동체 구성원의 빈곤과 부의 집중 문제를 낳는다. 빈곤은 자유민의 지위를 위협함으로써 누군가에 의존적인 상태로 만들고, 부의 집중은 소수가 다수를 지배할 수 있는 권력을 잡을 수 있게 한다. 사회주의적 공화주의는 이에 따른 사회 구성원 간 비대칭적인 권력 관계에 대한 비판적 문제의식에서 노동자의 독립적이고 자유로운 지위를 획득할 수 있는 방법을 찾으려는 시도다.

사회주의적 공화주의는 자본주의의 구조적 지배에 대한 비판적 문제의식을 지닌다는 점에서 사회주의적이다. 다른 한편으로 사회주의적 공화주의는 단일의 질서가 아니라 혼합적 질서를 추구한다는 점에서 사회주의와는–특히 국가사회주의와는–차별화된다.[18] 사회주의적 공화주의에는 자본주의 시장 질서에 대한 비판적인 다양한 대안적 논의들이–예를 들면, 녹색 공화주의 등이–병렬적으로 존재 · 갈등 · 공존한다.

상업적 공화주의

신공화주의 또는 신-로마 공화주의의 관심사는 타자의 '자의적인' 지배를 억제할 수 있는지 하는 것이다. 개인이 자유민이 되기 위해 상업적 공화주의는 관대한 수준의 복

18) 사회주의적 공화주의는 급진적 공화주의의 일종으로 볼 수 있다. 해링턴(James Harrington)으로 대표되는 17세기 영국의 공화주의 전통에서는 독립 자영농의 세계가 중심을 이루었는데, 18세기에는 시장화가 진전되면서 공화주의의 급진화 흐름이 나타난다. 리처드 프라이스(Richard Price)는 토지 균분으로 평등해진 독립 자영농의 기독교 천년왕국을 주장했고, 토머스 스펜스(Thomas Spence)는 생산수단을 공동 소유하고 공동 관리하는 독립 소생산자들의 공화국을 건설하고자 했다(조승래, 2010, 제7장). 19세기 미국의 노동기사단은 임노동을 폐지하고 노동자 자주관리의 협동조합으로 이루어진 노동 공화주의 체제를 주장했다(Gourevitch, 2015/2022). 이러한 흐름에서 보면 19세기 마르크스의 아이디어는 급진 공화주의의 한 갈래로 볼 수 있다. 비지배 자유라는 관점에서 보면, 20세기의 국가 사회주의는 공화주의와는 전혀 다른 흐름에 있다.

지(예: 보편적 기본 소득)와 충분한 물질적 수단이 보장되어야 하고, 일부 기업에 독점적 지배력이 있으면 자의적인 결정이 발생하므로 이를 제한해야 한다고 주장한다. 또한, 과도하거나 자의적인 업무량, 상사의 모욕이나 괴롭힘, 기타 갑질 행위 등과 같은 작업장 민주주의 또는 직장 내 지배 문제를 제기한다. 따라서 이들의 주요 관심사는 자유시장에서의 빈곤 해소, 독과점 폐해와 작업장 민주주의 등에 향해 있다(Anderson, 2017; Pettit, 2006; Taylor, 2017).

테일러(Taylor, 2017)는 완전 경쟁이 법치를 경제 영역으로 옮긴 것으로 본다면 공화주의 경제 프로그램은 경쟁 조건을 촉진하는 것이어야 한다고 주장한다. 그는 관대한 복지 제공을 주장하는데, 복지의 주된 목적은 노동 시장 경쟁을 촉진하는 것이다. 즉, 복지를 통해 노동자가 일을 그만두면, 시장의 노동 공급이 줄고 고용주에 대한 협상력이 높아져 고용주의 독점 위험이 완화될 수 있기 때문이다.

상업적 공화주의는 사적 지배를 줄이기 위해 공적 지배 수단(예: 국가 규제)에 기댈 수 있지만, 공적 수단은 제한적이어야 한다고 생각한다. 그러한 논리에서 테일러는 복지 업무를 독점한다는 이유로 복지 국가를 비판하고, 이에 따라 국가는 여러 공급자 중 하나에 불과하고 이들 공급자 간 치열한 경쟁이 필요하다고 주장한다. 즉, 동시에 사적 지배를 줄이고 공적 지배를 제한하기 위해서는 시장 친화적인 복지 제공이 필요하다는 것이다(Taylor, 2013).

페팃도 시장이 공화주의 자유를 위협하는 것이 아니라 지배를 줄일 수 있다고 주장한다. 가령, 노동 시장에서 고용주의 자의적 간섭을 받더라도 다른 데로 언제든지 이직할 수 있다면, 즉 이탈(exit)의 자유가 있다면 시장은 지배를 완화할 수 있는 장치가 된다고 본다(Pettit, 1997; Taylor, 2017). 한편, 앤더슨은 시장의 역할에 대해 회의적이다. 대기업과 같은 위계적인 지배 구조는 불완전한 계약에 지배되므로 자의적인 판단과 변화하는 상황에 따른 유연한 권한 조정이 허용되며, 대기업 고용주에게 권위주의적이고 수직적 권한이 부여된다. 앤더슨은 이러한 자유롭지 못한 시장 특성이 있음에도 불구하고, 이것이 모든 노동자가 이탈을 선택할 수 있다는 이유로, 즉 계약의 자유라는 모호한 언어로 가려져 있다고 비판한다(Anderson, 2017).

마나쿤은 이러한 상업적 공화주의 경제관을 '충분주의 개혁 프로젝트(the project of sufficientarian reformation)'라고 일컫는다. 이는 충분한 자원 제공, 충분한 노동자 권리 또는 직장 내 고용주 규제, 경쟁적인 시장 구조 등 '충분한' 기준선을 제공하는 정치 · 경제적 제도 배치를 수반한다. 따라서 상업적 공화주의는 공정 경쟁을 촉진하고 독과

점 폐해를 줄이려는 경제 사상에 친화적이다(Manakun, 2022).[19]

사회주의적 공화주의

사회주의적 공화주의는 시장 친화적인 상업적 공화주의 경제관에 대해 비판적이다. 상업적 공화주의가 시장에 내재한 비인격적 지배, 즉 시장 규율의 구조적 성격을 놓치고 있다는 것이다. 또한 엄격하고 제한된 시장 규율 내에서도 여전히 상당한 자의적 권력이 행사될 여지가 크다고 비판한다(Mulvad & Popp-Madsen, 2022; Klein, 2017; O'Shea, 2020). 상업적 공화주의 경제관은 경제적 약자가 너무 적은 것을 가지는 양적 기준선 문제를 일부 해결하지만, 소수가 너무 많이 가져 나타나는 부의 집중과 불평등의 비대칭적이고 구조적인 지배 문제에 대해서는 상대적으로 침묵한다는 것이다(Manakun, 2022;

---

19) 심지어 더 나아가 하이에크(Hayek, 1960)는 예속되지 않는 자유라는 규범적 근거로 자유방임 경제를 주장하기도 한다. 그는 공화주의 전통에 기반한 비지배로서의 자유를 '비강제성' 또는 '비예속성'으로 지칭한다. 그의 주장은 시장에 의한 사적 (비)지배와 국가에 의한 공적 (비)지배 사이에서 전자의 경제적 편익이 후자의 그것보다 크다고 가정한다.

Rigstad, 2011).

사회주의적 공화주의 경제관은 18세기 말부터 19세기 초 미국 노동운동의 '노동기사단'을 다룬 고레비치(Gourevitch, 2015/2022)에 잘 나타나 있다. 재산이 없는 노동자의 삶이 생산적 자산을 소유하거나 관리하는 자본가와 경영자에 전적으로 의존하는 상황은 임금 노예와 다를 바 없으며, 노동자의 독립적이고 자유로운 지위를 획득하기 위한 그 당시 노동기사단의 노동 운동은 생산 자원에 대한 동등한 통제권(equal control)이 노동자 권리라는 사상에 기반한다.

사회주의적 공화주의는 자본주의 생산 방식이 이러한 노동자 권리를 부정하기 때문에 새로운 형태의 자유를 구성하는 것이 필요하고, 이를 위해 기업이나 공장과 같은 생산 단위가 민주적 환경으로 대체되어야 한다고 주장한다(Muldoon, 2019; O'Shea, 2020; Thompson, 2018). 이들의 주요 논점은 노동자가 소득원으로서의 생산적 자산과 자유 시간에 대한 접근성이 없어 자기 삶에 대한 통제권을 박탈당하고(Gourevtich, 2015/2022), 경제적으로 의존한다는 것이다(O'Shea, 2020). 따라서 생산적 자산에 대해 구성원들이 동등한 통제권을 갖도록 지배 구조를 재편하는 것이 중요하다. 이는 카를 마르크스(K. Marx)의 그 유명한 경구대로 '자유롭고 평등한 생산자들의 연합을 위한 공화주의 체제'를 구축하는 것과 공명한다(Casassas & De Wispelaere, 2016).

상업적 공화주의와 달리 사회주의적 공화주의는 충분한 자원에 대한 접근 문제보다 생산 자원에 대한 불평등한 통제 문제를 중시한다. 자원 접근에 초점을 두는 상업적 공화주의는 빈곤, 경제적 독점, 직장 지배가 정치·경제적인 지배의 원천이며, 경쟁과 같은 상업적 배경이 공적 지배 문제를 방지할 수 있으므로 상업 체제가 어떤 면에서는 자유를 침해하더라도 다른 면에서는 자유를 증진할 수 있다고 본다. 반면에 사회주의적 공화주의는 생산 자원에 대한 불평등한 통제 문제를 더 중시한다.

사회주의적 공화주의에서는 상업적 공화주의와 달리 공적 지배 문제는 상대적으로 경시된다. 그리고 왜 노동자의 당면 문제를 모두 생산 자원에 대한 불평등한 통제 문제로 환원하는지, 어떤 형태의 경제적 불평등이 자유의 불평등을 초래하는지를 설명할 필요가 있다는 비판이 있다(Manakun, 2022). 하지만 사회주의적 공화주의는 부와 자본 집중이 초래하는 경제적 불평등의 권력 문제를 정조준하고 시장의 비인격적인 지배 문제를 드러내고 있다(O'Shea, 2020).

비지배 자유를 위한 주요 경제적 조건과 제도

타인의 자의적 의지에 복종을 거부하는 신공화주의 또는 신-로마 공화주의의 자유는 기본적으로 개인 또는 집단의 자결권을 수반한다. 이에 따라 부당한 간섭 시도를 방지하거나 대응할 수 있는 공동체 구성원의 역량을 배양하는 것이 일차적으로 중요하다. 공화주의 자유를 누리기 위한 중요한 경제적 자원 중의 하나가 재산이다. 재산은 타인에 대한 일종의 협상력을 효과적으로 확보함으로써 경제적 교환에서 자신의 자유를 구가할 수 있도록 하는 일련의 물질적 자원 또는 자산에 대한 지속적 통제권을 의미한다 (Casassas, 2013). 재산은 자유롭지 못한 경제적 거래에서 벗어날 수 있게 하는 이탈(exit) 옵션의 물적 기반이다 (Taylor, 2017).

사회주의적 또는 급진적 대안을 곧바로 상정하지 않는다면 상당수 신공화주의 경제적 대안은 상업적인 사회·경제적 관계에서 완전히 벗어나는 것이 아니라 그 관계 내에서 동등하게 자유로워지는 것을 추구한다. 이를 위해서는 카사사스와 드 위스펠라에르가 정리한 바와 같이 세 가지 경제적 조건이 충족되어야 한다. 첫째, 공동체 구성원의 경제적 하한선이 확보되어야 한다. 둘째, 경제적 상한선을 설정하여 불평등한 경제적 기회나 권력 지배로부터 자유가 보장되어야 한다. 셋째, 경제에 대한 강력한 민주적 통제가 확립되어야 한다(Casassas & De Wispelaere, 2016). 따라서 신공화주의 경제적 대안은 기본적으로 공동체 구성원 간 소득과 자산 불평등을 양적으로 완화하기 위해 충분한 자원과 복지를 제공하는 것과 동시에 비인격적인 시장 권력을 견제하는 경제 민주화 논의와 관련이 깊다.

현대 사회에서 지배 위험은 사회 · 경제적 지위와 밀접하게 관련되므로 경제적 독립은 신공화주의 비지배 자유의 핵심 요소다. 경제적 독립은 공동체 구성원이 고립된 원자들로 이루어진 비인격적인 시장 세계가 아니라, 자기 삶의 계획에 관한 자율적 의사 결정을 가능케 하는, 상업적 체제를 견제하는 방어벽이 있는 상호 의존성의 세계에서 이루어질 수 있다. 경제적 독립을 보장하기 위한 수단은 시대와 상황에 따라 다양하다. 오래전부터 언급된 것은 토지 재산, 노예, 가축 등이고, 시장 경제에서 중시되는 것은 생산 수단, 전문 기술(인적 자본), 시장 접근 기회, 시장 내 노동의 결실을 배치할 기회 등과 같은 재산이나 통제권이다(Casassas, 2013; Casassas & De Wispelaere, 2016).

이러한 물적 자립을 보장하기 위해서는 경제적 상한선과 하한선이 설정되어야 한다. 빈곤 문제와 연관된 경제적 하한선을 설정하는 주요 경제적 대안은 토지 보상, 기본 소득, 기본 자산과 같은 사전 분배(pre-distribution), 의료와 교육 접근성 제고, 공공 임대 주택, 연금, 돌봄 정책 등을 포함한 사후적인 재분배 수단인 복지 패키지 등을 포함한다.[20)]

또한 최저 임금 인상과 최고 연봉 제한이나 독과점 방지를 위해 경제적 상한선이 설정될 수 있다. 여기에는 소득 격차가 일을 수행한 노동에 비례하여 합리적인 한도 내에서 유지되어야 한다는 루소의 언명에 기반하여 사전적으로 부의 집중을 제한하는 방식이 있다. 또 경제적 불평등을 허용하되 사후적으로 부정적 결과를 제한하려는 루스벨트(Franklin Roosevelt) 방식의 경제적 해법이 있다(McCormick, 2011; White, 2011). 사전적 제한 방식으로는 미드의 '파트너십 경제 모형'이 있으며(Meade, 1989)[21)]

---

20) 카사사스와 드 위스펠라에르(Casassas & De Wispelaere, 2016)는 경제적 하한선을 보장하기 위해 기본 소득론을 주장하지만, 사후적인 복지 국가 프로그램을 단일 기본 소득 제도로 대체하자는 주장에는 비판적이다.

21) 이 모형은 네 가지로 구성된다. 첫째 기업 내 임금은 이익 공유 메커니즘에 의해 결정된다. 둘째, 부는 다음 세대로 넘어갈 때 부유세로 과세된다. 셋째, 공동체가 국가 생산 자산의 많은 부분을 소유한다.

사후적 제한 방식으로 반독점법이 있다. 현실적으로 반독점법과 최저 임금제가 널리 이용된다.

포용적인 시민 참여 확대를 통해 시장 경제의 거버넌스와 규제를 민주화할 필요성도 제기된다(White, 2011). 이는 작업장 민주주의와 노동자의 동등한 통제권 확보와 연관된다. 시장 자유의 경제적 편익에 매몰되는 경우 자유 선택에 대한 통제의 중요성이 간과되곤 한다. 고레비치는 기본 소득 형태로 경제적 하한선을 규제하는 것만으로는 완전한 공화주의 자유를 충분히 보장하지 못한다고 주장한다(Gourevitch, 2015/2022). 이탈 옵션도 기껏해야 시장의 구조적 지배에 대한 부분적인 해결책에 불과하고 (Anderson, 2017; Lovett, 2010), 시장의 경쟁력 향상에 의존하는 것도 마찬가지다(Taylor, 2013). 전술한 바와 같이, 위계적인 대기업 지배 구조에 편입된 노동자는 시장 자유와는 다른 경제적 지배에 시달린다(Anderson, 2017).

공화주의 정치 경제가 효과적인 자기 결정권을 행사할 수 있도록 시민에게 권한을 부여하는 것이라면(White, 2011), 시장 자유는 모든 수준의 경제 조직에서 민주적 참

넷째, 공동체 기금의 수익은 모든 시민에게 균등하게 지급된다 (Meade, 1989).

여를 확대함으로써 보완될 필요가 있다. 예를 들면, 독일식 공동 경영이나 다양한 사회화 실험처럼 대안적 사회 경제적 주체가 상호 참여하는 조건을 공동 결정하는 역량을 갖추거나 권리가 이들에게 부여되어야 하는 동시에, 공적 지배는 그 자체가 민주적 통제의 대상이 되어야 한다.

신공화주의 자유를 실현하기 위한 경제적 대안으로 재산 소유 민주주의와 복지, 노동자 공동 결정, 사회주의적 대안 등이 제안된 바 있다. 가령, 사회주의적 대안은 사적 소유권을 민주적인 국가나 공동체로 전환하는 것을 통해 생산 수단에 대한 사회적 통제와 평등주의적 정치 민주주의를 강화하려 한다(Mulvad & Popp-Madsen, 2022; O'Shea, 2020). 재산 소유 민주주의는 부와 자본 소유의 분산을 통해 사회 일부가 경제를 통제하려는 것으로 존 롤스의 사상과 맞닿아 있다(Rawls, 2001). 이는 소득 재분배와 사회 민주주의 복지 패키지보다는 부와 자본의 사전 분배를 선호한다(Meade, 1989).

이러한 점에서 상업적 공화주의는 기본 소득론과 매우 친화적이다(권정임, 2016). 상업적 공화주의의 사후적 처방과는 다른 방향에서, 작업장 내 고용주의 노동자에 대한 위계적 통제를 줄이기 위해 독일식 공동 경영이 제안되기도 하는데, 이 역시 신공화주의 경제적 대안의 일종이다.

이는 노동자 권한을 높여 고용주의 자의적 권력 행사, 과도한 작업장 내 권력 집중을 막으려는 것이다(Anderson, 2017). 이처럼 경제 전반에 관한 포용적인 민주적 시민의 참여 확대를 통해 공적 지배와 사적 지배를 동시에 줄이려는 것도 신공화주의 경제 대안의 하나다(Casassas & De Wispelaere, 2016).

비지배 자유의 경제 체제 원리

위에서 본 것처럼 비지배로서의 자유 개념에 대한 해석을 둘러싸고 상업적 공화주의와 사회주의적 공화주의라는 두 갈래의 공화주의 경제 체제 구상이 제기된 바 있다. 공화주의적 자유를 구가하기 위해 이러한 두 갈래 흐름은 빈곤 해소, 경제적 독점 방지, 직장 지배의 문제 해결, 동등한 통제권 등과 연관된 다양한 수단과 제도를 제안한다. 이러한 제도의 혼합에 따라 신공화주의 또는 신-로마 공화주의에 입각한 경제 모형은 자유방임 경제에서 혼합적 시장 경제, 그리고 사회주의 또는 시민적 대안 경제에 이르기까지 다양하게 나타난다.[22] 신공화주의는 공동체 구성원이 절차적 정당성, 제도적 감시, 민주적 책임성을 전제로 정치적 참여를 통해 공동선을 추구하고자 한다. 이를 위해 충분한 자원 지원이나 재분배를 행하고, 원소유자의 자유를 침해하지 않는 조건에서 사유 재산에 대한 공적 지배 관련 법률을 제정할 수 있다고 생각한다.

이처럼 신공화주의 경제 모형은 주어진 상황과 전략적 조건에 따라 다양한 조합과 혼합을 할 수 있지만, 핵심적 지향은 타인의 자의적 지배에 대한 복종을 거부하고 비지배 자유를 지키는 것이다. 자의적 권력에 의한 지배에 대해, 상업적 공화주의가 시장 기제를 통해 사후적으로 대응하고자 하는 것이라면, 사회주의적 공화주의는 공적 개입을 통해 사전적으로 대응하고자 한다.

상업적 공화주의와 사회주의적 공화주의가 상이한 정치 · 경제적 이상을 지향하기는 하지만 그 최소한의 공통 집합으로서, 우리는 공화주의의 대안적 경제 제도를 관통하는 체제적 원리로서 자유로운 생산자 연합과 혼합적 시장 경제를 제시하고자 한다. 공화주의의 구성 요소로서, 자유로운 생산자 연합은 형성적 과정으로서의 비지배 자유와 시민적 덕성에, 혼합 경제는 제도로서의 혼합 정체에

---

22) 시민적 대안 경제에 대해서는 여기서 자세히 논의하지는 않지만, 대거(Dagger, 2006)를 참조할 수 있다.

대응한다(이일영, 2022).[23] 이러한 두 원리는 시장 질서를 인정한다는 측면에서 상업적 공화주의를 부정하지 않지만 시장 체제의 비인격적인 구조적 지배가 공화주의 자유를 옭아맨다는 점을 인식한다는 점에서, 전술한 공화주의의 경제 체제의 두 흐름을 포괄한다.

자유로운 생산자 연합

신공화주의, 특히 상업적 공화주의는 대체로 분산된 자본 소유가 타인의 부당한 영향력과 지배로부터 독립성을 높일 수 있다고 생각한다. 이는 독립 중소 생산자에 기반한 민주주의라는 제퍼슨(Thomas Jefferson)의 미국 공화주의 이상을 떠올리게 한다. 제퍼슨(Jefferson, 1904-5, VIII: p. 196)은 재산은 자연권도 아니고 절대적 권리도 아니라고 주장한다. 이는 개별적 성격과 절대적 · 배타적 소유를 강조하는 주류 재산권 논리와는 결이 다르다. 그는 공화주의 이상으로 신탁 재산권을 제안한다(Laín & Manjarín, 2022). 이에 따르면, 토지는 신탁 설정자로서 '국민의 신체

---

23) 이 장에서 논의하는 혼합·연합은 폴리비우스적 의미의 세력 혼합·연합이라기보다는 독점적 '지배'가 없는 상호 견제와 균형으로 이루어진 키케로적 의미의 자유를 지향한다.

(body of the nation)'인 주권자에게 속하며, 입법부는 주권자의 신탁 관리자와 다름없고, 개인 소유자는 공유지의 일시적 사용권자에 불과하다(Jefferson, 1904-5, II: pp. 85~86).

이러한 독립적 중소 생산자에 기반한 공화주의 이상의 현대적 버전이 피오르와 세이블(Piore & Sabel, 1984)이 주장한 '유연 전문화론'이다. 이들은 대량 생산의 대기업 세계에 대비한 중소기업 간 연계의 경제적 논리를 제시하고, 요먼(yeoman) 민주주의 이상을 다음과 같이 주장한다.

> 요먼 민주주의에서는 시장거래로 한 집단이 영속화되지 않도록, 그리고 생산자의 공동체를 가능케 하는 부와 권력의 균형이 붕괴하지 않도록 국가가 보장해야 하고, … 재산은 공동체를 위해 신탁되는 것이며, 그 이용은 공동체 유지에 종속된다. 공동체가 불가결하다는 인식이 존재함으로써 비로소 집단적 개인주의의 한 형태인 요먼 민주주의는 장인적 생산의 협력적 경쟁의 정치적 유사물이 된다(Piore & Sabel, 1984, p. 305).

이들 논의에 대한 미시적 경제 이론의 토대는 흔히 신고전파 경제학자로만 과장되게 알려진 마셜(Marshall, 1890)

이 제공했다. 마셜은 스미스(Adam Smith)의 분업과 전문화 개념을 수용했으나, 공장제의 기술적 분업에 의한 혁신에 대해서는 비판적이었다(Marshall, 1919, pp. 176~177). 그는 한 기업의 비용이 그 자체의 생산 규모뿐만 아니라 그 기업에 외부적인 산업의 전반적 발전, 즉 '외부 경제'에 의존한다고 생각했으며, 이러한 외부 경제를 공급 가격의 인하 요인, 즉 수확 체증의 요인으로 파악했다. 이는 수확 체증이 전반적인 경제 진보보다는 생산 규모의 증가에 기인한다는 기존 고전파 경제학의 사고와 배치되는 것이다.

이러한 세계가 경제적으로 작동하기 위해서는, 분업이 세분화될 수 있다면, 각 기업은 이에 부응하여 동일한 방식의 변화를 도입해야 한다. 그렇지 않으면 산업 확대는 규모의 경제를 창출할 수 없다(Prendergast, 1993). 케인스도 이와 유사한 상황을 은행과 관련하여 다음과 같이 언급했다.

> 여러 은행이 보조를 맞추어 전진하기만 한다면, … 균형에서 어느 한 은행도 약화하지 않는다. … 각 은행의 행동은 전체 은행의 평균적 행동으로 지배된다. 그러나 그 평균에 대하여 크든 작든 그의 몫만큼 기여할 수 있다(Keynes, 1930, p. 23).

이러한 세계에서 사실상 완전 경쟁과 유사한 상황이 연출되는 것이고, 이러한 세계가 지속 가능하기 위해서는 비시장적인 사회적 조정이 필연적으로 동반되어야 한다(Jo, Jeong, & Kim, 2023). 그런데 마셜은 재산 확대를 인간 노동을 통한 축적에 제한함으로써 경제가 소규모 재산 구조(property structure)에 기반해야 한다고 생각했다(Marshall, 1890). 이는 대기업이 지배하는 불완전 경쟁의 세계를 적극적으로 해명하지 않은 그의 세계관과 그 한계를 보여 주고 있다. 세이블과 자이틀린이 공화주의 이상을 담은 중소 생산자 연합의 세계를 '가능성의 세계(a world of possibilities)'라고 기술하고 있듯이(Sabel & Zeitlin, 1997), 현실에서 이 세계를 실현하는 것은 그리 호락호락하지 않다.

이러한 세계를 '마셜적' 세계라 할 수 있는데, 이는 독립적인 자유 생산자의 네트워크로 이루어진 공화주의 세계이다. 이러한 공화주의 경제는 충분한 자원 및 복지 제공과 독과점 방지, 그리고 재산 신탁 등이 동반되어야 존립할 수 있다. 자유로운 생산자는 다른 사람과 함께 '우리'만의 생산 방식을 만드는 데 참여하는 것이다. 그러나 이러한 세계는 전술한 바대로 현실에서 실현하기가 쉽지 않다. 현실 세계는 대기업의 '슘페터'적 세계가 지배한다(Jo et al.,

2023). 슘페터는 마셜과 정반대로 혁신은 "내부 경제를 외부 경제로 전환하는 것이다"라고 주장했다(Schumpeter, 1928, p. 384). 이처럼 마셜과 슘페터는 혁신과 성장의 인과관계를 정반대로 논의했다.

신공화주의는 대기업 세계의 특징인 공화주의의 결락을 비판한다. 전술한 바와 같이, 앤더슨은 독과점적인 대기업에서 엘리트 통치자를 선출하는 슘페터적 과정이 초래한 권력의 비대칭성을 지적했다(Anderson, 2017). 고레비치는 더 나아가 생산자의 동등하지 않은 통제권에 따른 지배에 대해 일갈한다(Gourevitch, 2015/2022). 화이트는 자본주의에 대해 공화주의 관점에서 비판하면서, 불평등한 부의 분배가 노동 시장 내 권력 비대칭과 종속적인 사회관계로 이어진다고 지적했다(White, 2011). 물적 자원의 소유권에 대한 접근성의 차이에 따라 소유주는 높은 협상력을 누리고, 또한 자신의 자의성에 따라 노동자에 비대칭적인 권력을 행사할 수 있다. 이는 자유민이라는 지위를 지닌 개인의 자유와 양립할 수 없다. 그래서 자유 경쟁과 독과점 규제가 공화주의 경제 전략의 핵심 구성 요소를 구성한다.

이처럼 공화주의는 주로 개인이나 개별 기업의 경제적 자립에만 논의를 한정하는데, 여기서는 더 나아가 개인 간 또는 개별 기업 간의 연계나 연합을 논의할 필요가 있다. 현실에서는 마셜적 세계와 슘페터적 세계가 공존하고 있으며, 후자가 전자를 지배하는 경향이 강하다. 따라서 두 세계를 공화주의 원리에 따라 조화시키는 것이 필요하다. 독일이나 일본의 경험을 참고하여 기업 간 관계를 위계적인 상하 관계에서 협력적 파트너 관계로 전환하는 방안을 모색할 필요가 있다. 중소기업과 대기업 모두 마셜적 세계나 슘페터적 세계 한 곳에 갇혀 있어서는 안 된다. 기업 간의 경쟁과 협력을 통해 두 세계를 잇는 자유로운 생산자 연합이 필요하다. 예를 들면, 수요 독점적인 대기업이 하청기업 · 중소기업을 착취해서는 안 되고, 하청 기업 · 중소기업이 시장적 경쟁과 비시장적 조정과 협력을 통해 대기업과 대등한 독립적인 파트너의 위상을 가져야 한다.

혼합적 시장 경제

신공화주의 또는 신-로마 공화주의는 민주정, 법치주의, 권력 분립과 같이 권력을 조직하고 견제하며 균형을 맞추기 위해 여러 유형의 제도와 정부 형태가 혼합되어야 한다고 주장한다(Pettit, 2012, pp. 220~223). 마찬가지로 경제 영역에서 자유민의 지위는 하나의 분배 원칙이나 일련의 규제로 유지될 수 없다. 따라서 경제적 지배를 배제하기 위한 여러 제도와 메커니즘의 혼합이 다양한 형태로 이루어질 필요가 있다.

신공화주의는 한 개인이 다른 이를 지배하는 사적 지배를 최소화하는 동시에 국가가 개인을 지배하는 공적 지배를 제한해야 한다고 본다. 그렇다고 이것이 하이에크(Hayek, 1960)가 주장하는 자유방임 경제 모형을 함의하는 것은 아니다. 공적 제도가 사적 지배를 방지할 수 있는 충분한 권한을 보유하는 동시에 그것이 지배적이지 않도록 신중한 균형(balance)을 유지할 필요가 있다. 자유로운 생산자는 정치 제도가 사회 경제적 특권을 제거하고 경제적 참여와 포용성을 확대하는 데 필요한 방화벽을 세울 때만 등장할 수 있다(McCormick, 2011). 따라서 국가나 적절한 공적 개입 없이는 자유로운 생산은 불가능하므로 자유방임주의 경제 모형은 지지되지 않으며, 공적 개입과 사적 자유가 조율된 혼합 경제가 요구된다.

중소 독립 생산자로 이루어진 마셜적 경제 세계에 관한 논의와 달리, 현대 경제는 규모와 범위의 경제를 통해 시장 경제를 지배하는 슘페터적 대기업 영향력이 강하다. 가령, 이들은 수요 독점 지위를 이용해 협력 기업을 지배할 수 있다. 이러한 상황에서 반독점법을 통한 이들에 대한 루스벨트식 공적 통제는 승자 독식 정치 · 경제에 대한 사후적 대응이다(White, 2011). 미국 루스벨트 대통령은 1930년대 미국 대공황의 근본 원인에 대한 공화주의 분석에서 독점 대기업인 '경제 군주'가 '새로운 산업 독재'를 강제하고 있다고 비판하고(Leuchtenburg, 1995, p. 125), 또한 정치·경제의 권력 집중을 조장하는 과두정치를 민주주의 천적으로 규정한 바 있다(Casassas & De Wispelaere, 2016, p. 292). 주지하는 바와 같이, 반독점법과 공정거래법이 시장 독점을 어느 정도 성공적으로 제한했더라도, 현재까지 부의 집중은 여전하다.

파마와 젠슨은 경제적 소유가 편익(benefit)과 통제(control) 양자를 모두 수반한다고 주장한다(Fama & Jensen, 1983). 이는 자원을 소유함으로써 편익을 얻는 이와 자원을 통제하는 이의 이해관계가 반드시 같지 않고, 소유자에게 통제 가치가 편익 가치로 환원이 가능한 것도 아닐 수 있다는 것이다. 따라서 독과점 방지법은 경제적 독점을 제한하지만, 부의 집중을 전적으로 틀어막지는 못한다.

반독점 입법 이외에, 테일러는 신공화주의 경제 모형으로 '앵글로-노르딕(Anglo-Nordic)' 모형을 제안한다(Taylor, 2017). 그는 덕성 있는 시민보다 훌륭한 제도적 설계의 중요성을 강조하고 경쟁 시장이 자의적 권력을 제한하는 효과적인 수단이라고 보지만, 물적 자원을 지원하거나 경쟁을 장려하는 간접적인 방식의 국가 개입을 부정하지는 않는다. 그의 앵글로-노르딕 패키지는 정보 공유, 노동 시장 개혁, 적극적 반독점 입법, 아동수당이나 노령연금과 같은 일반급부(demogrants), 기본 소득 등을 포함하며, 이는 덴마크의 유연 안정성 모델을 떠올리게 한다.

여기서 동등한 통제라는 신공화주의 비지배 자유 개념을 확장할 필요가 있다. 가령, 고레비치는 기본 소득론처럼 시민을 단순한 정치 · 경제적 재화의 소비자로 보는 경제 모형을 비판하고 독립적인 생산자가 동등한 통제권을 확보하는 경제 체제를 구상한다(Gourevitch, 2015/ 2022). 동등한 통제권을 갖는 방법의 하나는 모든 자원을 공유화하여 모든 사람이 이에 동등하게 접근할 수 있도록 하는 것이다. 이는 소유권 집중에 반대하고, 평등하고 민주적으로 누릴 수 있는 물적 자원의 공동 풀(pool)을 만듦으로써 자기가 원하는 것을 추구하고, 소유하고, 생산하고, 교환할 수 있는 동등한 권리를 부여하는 것이다(Linebaugh, 2008). 이와 유사한 맥락에서 협동조합 소유와 자주 관리라는 다양한 실험적 생산 단위가 제시될 수 있다.

하지만 동등한 권리는 다른 모든 사람의 권리와 양립 불가한데, 이는 여러 사람이 동일한 한정된 자원을 원할 수 있기 때문이다. 따라서 모든 사람의 통제권을 양립시키기 위한 공적 규칙 또는 거버넌스가 필요하다. 사유 재산 기반 시장적 해결이 부재하여 나타나는 '공유지의 비극(the tragedy of the commons)'과 그러한 해결이 파편화 · 분절화되어 나타나는 '반공유지의 비극(the tragedy of the anti-commons)'이 모두 있을 수 있다(Heller, 2013). 오스트롬은 공유자산의 관리에서 국가와 시장 대신에 공동체적 해결 방식을 선호한다(Ostrom, 1990). 신공화주의, 특히 상업적 공화주의는 공동체를 포함한 공적 지배가 지대추구(rent-seeking)를 초래한다는 공공 선택론적 시각을 견지하고 있다(Taylor, 2017).

공화주의 대안은 공적 지배와 사적 지배 사이의 이분법을 넘어서는 경쟁과 협력의 결합, 경쟁과 민주적 심의의 결합, 국가와 시장 간 이해관계 조정의 다원성을 지향한다. 이러한 차원에서, 준공유자산(semi- commons)은 공적 지배와 사적 지배를 견제하는 혼합 경제의 하나의 예시를 보여 준다.[24] 공화주의 자유를 달성하기 위해서는 통제권에

---

24) 인공지능 및 빅데이터 기술, 플랫폼 기업과 노동 등 새로운 형태의 경제 영역에서 준공유자산을 확보하는 것이 '비지배 자유'를 확장하는 중요한 수단이 될 것으로 본다.

대한 다양한 방식의 지배 구조의 혼합이 효과적일 수 있다. 이는 경쟁이 전부가 아니며 비인격적인 지배의 바탕을 이루는 소유권 집중 문제에 천착하여 그에 대한 다양한 대안을 모색하는 실험의 일환이다. 전술한 바와 같이, 제퍼슨과 같은 공화주의자는 신탁 재산권을 제시한 바가 있는데, 이는 소유와 이용 간의 견제와 균형을 전제하는 것이다. 공과 사가 어우러지는 다양한 유형의 공유자산을 발굴하는 것은 이러한 공화주의적 제안과 부합한다.

소결

이 장에서는 다양한 공화주의 전통의 주요 테마를 도출한 후 신공화주의의 주요 흐름에서 강조하는 비지배 자유의 경제 개념을 논의했다. 이어서 신공화주의 흐름의 여러 갈래의 대안적 경제 대안들을 고찰하고, 비지배 자유 개념을 발전시킨 경제 체제의 원리에 대하여 논의했다. 이에 대한 주요한 논의 결과는 다음과 같다.

첫째, 공화주의 전통과 개념은 다양한 형태와 갈래로 존재한다. 오랜 공화주의 전통에서 추출된 혼합 정체, 시민적 덕성, 비지배 자유 등과 같은 개념들이 공화주의 사상의 주축을 이룬다. 고전적 공화주의에서는 혼합 정체를, 신-아테네 공화주의는 시민적 덕성을, 신-로마 공화주의는 비지배 자유 개념을 핵심 테마로 제시했다.

둘째, 신-로마 공화주의 또는 신공화주의는 타자의 자의적 권력에 지배되지 않는 비지배 자유의 경제적 관계를 지향한다. 신공화주의 경제 담론에는 크게 두 흐름이 있다. 상업적 공화주의에서는 비지배 자유를 보장하는 사유재산과 자유 시장의 규칙을 주요 제도로 삼는다. 사회주의적 공화주의에서는 생산 단위에서의 자원의 동등한 통제권을 통해 비지배 자유를 확보하고자 한다.

셋째, 비지배 자유를 위한 신공화주의의 주요한 경제적 대안은, 불평등을 양적으로 완화하기 위해 충분한 자원과 복지를 제공하는 것과 동시에 비인격적인 시장 권력을 견제하는 제도를 구축하는 것이다. 자유를 위한 경제적 독립을 위해 사후적으로 경제적 상한선과 하한선을 설정한다. 사전적으로는 경제 조직에서 민주적 참여를 확대하고 재산 소유 민주주의를 진전시킨다.

넷째, 신공화주의의 비지배 자유 개념을 발전시킨 경제 체제의 조직 · 구성 원리는 자유로운 생산자 연합과 혼합적 시장 경제이다. 자유로운 생산자 연합은 대량 생산의 대기업 세계와 독립적 중소 생산자의 세계를 연결하고 공존하게 하는 원리로 작동시킬 필요가 있다. 혼합적 시장 경제는 공적 지배와 사적 지배 사이의 이분법을 넘어선 경쟁과 협력의 결합, 경쟁과 민주적 심의의 결합, 국가와 시장 간 이해관계 조정의 다원성을 지향한다.

이 장에서 고찰한 공화주의의 경제적 자유와 경제 체제 구상에 관한 논의는, 비지배의 경제적 자유를 옭아매는 빈곤, 독점, 직장 지배, 일방적 통제라는 문제를 제기한다. 이와 같은 부의 불평등과 독과점, 그리고 비대칭적인 지배 문제를 시정하려는 공화주의 경제 체제 구상은 자유로운 생산자 연합과 혼합적 시장 경제로 요약될 수 있다.

한국의 경제 현실에 비추어 보면, 공화주의 경제 체제 구상은 빈곤과 부의 불평등 해소, 대·중소기업 및 정규직과 비정규직 간 격차 해소, 성별 차별 금지, 직장 내 갑질 문제 해결, 재벌 체제의 독과점 방지, 부동산 문제 해결 등을 수반해야 한다. 이는 공동체 구성원의 정치·경제적 참여를 확대할 수 있는 충분한 경제적 기준선을 세우는 동시에 동등한 지배권을 통해 경제 주체 간 견제와 균형이 이루어진 국민 경제를 만들어 가는 것을 의미한다.

공화주의 경제 체제는 비지배 자유를 지향한다. 비지배 자유는 국민 경제 차원에서는 복지 국가 건설과 경제 민주화를 추진하는 과정에서 증진될 수 있다. 복지 국가와 경제 민주화는 2000년대 이후 보수와 진보 사이에서 일정한 정도 합의될 수 있는 방향이다. 따라서 공화주의 경제 체제 논의에서 그다지 새로운 것이 없다고 생각할 수도 있다. 그러나 다음과 같은 점은 공화주의 경제 체제 논의에서 구할 수 있는 중요한 시사점이다.

공화주의 경제 체제 안에 복지 국가와 경제 민주화의 정책 · 제도가 혼합된 구체적 형태가 다양하게 나타날 수 있다. 여기에서는 서구식의 정형화된 복지 국가와 경제 민주화가 유일한 경로가 아니다. 시대적 흐름과 정치 · 경제적 조건에 따라 혼합 · 재구성하는 것은 주체적 실천의 문제이다. 또한 여기서 포퓰리즘적인 자원 동원을 통한 양적 기준선 확보에만 매몰되면 부의 집중에 따른 자의적 지배의 통제권 문제는 소홀해질 수 있다.

특히 향후 한국 경제가 노동 기반의 부가 가치 창출이 아니라 기존 자산의 소유와 이용을 통해 경제가 굴러가는 불로소득(rentier) 자본주의 시대로 접어들 가능성을 염두에 둘 필요가 있다. 크리스토퍼스(Christophers, 2020)는 영국 경제를 불로소득 자본주의의 전형적 사례로 보고 있는데, 여기에서는 부의 집중과 독점에 따른 소유와 통제 문제가 전면에 등장하게 된다. 부의 양극화가 심화되는 추세하에서, 공화주의 경제 체제 논의는 충분한 양적 기준선 확보와 경제적 지배 문제를 동시에 고려해야 한다. 특히 지배와 통제 문제가 더욱 중요해질 수가 있으므로, 독과점 방지와 다양한 소유 · 이용의 혼합과 거버넌스가 더 중시될 필요가 있다는 것을 함의한다.

기존의 공화주의에 관한 논의는 대체로 공화국이나 일국 차원의 정치 체제 논의를 중심으로 이루어져 왔다. 세계 경제나 지역 경제를 보는 공화주의 관점은 상대적으로 약한 편이다. 따라서 국가 또는 국민 경제 차원에서의 비지배 및 경제적 독립을 논의하는 것만으로는 현실의 전체 모습을 제대로 설명하기 어렵다. 세계 경제 및 지역 경제를 포함한 공화주의 경제 체제의 종합적 구상을 마련하는 문제의식이 중요하다. 이를 위해서는 글로벌 공화주의, 지정학적 · 지경학적 비지배성, 중앙 · 지방 관계의 균형, 이동성 · 균형 · 분권의 트릴레마(trilemma) 등에 관한 논의가 이루어질 필요가 있다. 이러한 논의의 전개 과정을 추적하고, 이를 보다 종합적인 체제 모델로 발전시키는 작업은 다음 장에서 다루어진다.

참고문헌

강정인 · 권도혁(2018). 조소앙의 삼균주의의 재해석. 『한국정치학회보』, 52권 1호, 257～276.

곽준혁(2003). 갈등, 혼합정체, 그리고 리더십: 마키아벨리의 『로마사 논고』를 중심으로. 『정치사상연구』, 9집, 171～194.

곽준혁(2008). 왜 그리고 어떤 공화주의인가. 『아세아연구』, 131호, 133～163.

권정임(2016). 신공화주의 기본소득론의 비판과 변형: 공유경제와 민주주의를 중심으로. 『시대와 철학』, 27권 3호, 7～52.

김경희(2007). 서구 민주공화주의의 기원과 전개: 아테네에서 르네상스에 이르는 민주와 공화의 변증법. 『정신문화연구』, 30권 1호, 113～139.

김경희(2011). 자유의 정치학으로서 마키아벨리적 공화주의: 포칵의 『마키아벨리언 모멘트』에 대한 일고찰. 『역사학보』, 210집, 11～28.

김경희(2021). 마키아벨리와 아렌트의 공화주의 연구: 공적 영역과 사적 영역의 관계를 중심으로, 『한국정치연구』, 30권 3호, 31～58.

김경희(2022). 공화주의와 갈등해결: 혼합정체론을 중심으로, 『역사와 현실』, 123호, 391～416.

김상준(2011). 『맹자의 땀 성왕의 피: 중층근대와 동아시아 유교문명』. 아카넷.

백영서(2022). 경계를 횡단하는 조소앙과 변혁적 중도주의. 『개벽의 사상사: 최제우에서 김수영까지: 문명전환기의 한국사상』. 창비.

신중섭(2019). 공화주의의 시민 경제학. 『대동철학』, 89호, 227～252.

유홍림(2018). 공화주의 전통의 현대적 의의. 『한국정치연구』, 27권 3호, 1～26.

이일영(2023). 공화주의적 커먼즈의 이론과 정책에 관한 시론적 탐색. 『동향과 전망』, 117호, 172～206.

장은주(2021). 『공정의 배신: 능력주의에 갇힌 한국의 공정』. 피어나.

장은주(2023). 왜 지금 '공화'인가?: 한국 민주주의의 '공화화'라는 과제와 민주적 공화주의. 『민주주의와 인권』, 23권 1호, 5～35.

정준호 · 이일영(2022). 두 가지 경제적 분기와 민주화 체제의 위기. 『동향과 전망』, 116호, 70～120.

정준호·이일영(2023). 한국형 성장체제의 전개와 위기: '비공유적 저성장' 모델로의 이행. 『동향과 전망』, 119호, 43～86.

조승래(2010). 『공화국을 위하여』. 도서출판 길.

Anderson, E.(2017). *Private government: How employers rule over our lives (and we don't talk about it)*. Princeton: Princeton University Press.

Casassas, D.(2013). Adam Smith's republican moment: Lessons for today's emancipatory thought. *Economic Thought, History, Philosophy and Methodology*, *2*(2), 1～19.

Casassas, D., & De Wispelaere, J.(2016). Republicanism and the political economy of democracy. *European Journal of Social Theory*, *19*(2), 283～300.

Christophers, B.(2020). *Rentier capitalism: Who owns the economy, and who pays for it?*. London: Verso Books

Dagger, R.(2006). Neo-republicanism and the civic economy. *Politics, Philosophy, and Economics*, *5*(2), 151～73.

Fama, E. F., & Jensen, M. C.(1983). Separation of ownership and control. *Journal of Law and Economics, 26*(2), 301~325.

Gourevitch, A.(2015). *From Slavery to the cooperative commonwealth: Labor and republican liberty in the nineteenth century.* Cambridge: Cambridge University Press. 신은종(역)(2022). 『19세기 노동기사단과 공화적 자유: 지금, 우리는 자유로운가?』. 지식노마드.

Hayek, F.(1960). *The constitution of liberty.* Chicago: University of Chicago Press.

Heller, M.(2013). The tragedy of the anticommons: A concise introduction and lexicon. *The Modern Law Review, 76*(1), 6~25.

Hirschman, A.(1970). *Exit, voice, and loyalty: Responses to decline in firms, organizations, and states.* Cambridge, MA: Harvard University Press.

Jefferson, T.(1904-5). *The works of Thomas Jefferson, 12 Vols.* edited by P. L. Ford. New York: The Knickerbocker Press.

Jo, H. J., Jeong, J. H., & Kim, C.(2023). *Agile against lean: An inquiry into the production system of Hyundai Motor.* Singapore: Palgrave Macmillan.

Keynes, J. M.(1930). *A treatise on money, the collected writings of John Maynard Keynes (Volume 5).* Cambridge: Cambridge University Press.

Klein, S.(2017). Fictitious freedom: A Polanyian critique of the republican revival. *American Journal of Political Science, 61*(4), 852~863.

Laborde, C., & Maynor, J.(2009). *Republicanism and political theory.* Wiley-Blackwell. 곽준혁 · 조계원 · 홍승헌(역)(2009). 『공화주의와 정치이론』. 까치글방.

Laborde, C.(2010). Republicanism and global justice: A sketch. *European Journal of Political Theory*, *9*(1), 48~69.

Laín, B., & Manjarín, E.(2022). Private, public and common. republican and socialist blueprints. *Theoria*, *69*(2), 49~73.

Leuchtenburg, W. E.(1995). *The FDR years: On Roosevelt and his legacy*. New York: Columbia University Press.

Linebaugh, P.(2008). *The Magna Carta Manifesto: Liberties and commons for all*. Berkeley: University of California Press.

Lovett, F.(2010). *A general theory of domination and justice*. Oxford: Oxford University Press.

Lovett, F., & Pettit, P.(2009). Neorepublicanism: A normative and institutional research program. *Annual Review of Political Science*, *12*(1), 11~29.

Manakun, T.(2022). *A republican political economy*. Unpublished Ph. D. Thesis. Department of Politics, University of Manchester.

Marshall, A.(1890). *The principles of economics*. London: Macmillan.

Marshall, A.(1919). *Industry and trade: A study of industrial technique and business organization and of their influences on the condition of various lasses and nations*. London: Macmillan.

McCormick, J. P.(2011). *Machiavellian democracy*. Cambridge: Cambridge University Press.

Meade, J.(1989). *Agathatopia: The economics of partnership*. Aberdeen: Aberdeen University Press.

Muldoon, J.(2019). A socialist republican theory of freedom and government. *European Journal of Political Theory*, *21*(1),

47~67.

Mulvad, A. M., & Popp-Madsen, B. A.(2022). From neo-republicanism to socialist republicanism: Antonio Gramsci, the European council movements and the 'second republican revival'. *Theoria*, *69*(2), 97~118.

O'Shea, T.(2020). Socialist republicanism. *Political Theory*, *48*(5), 548~572.

Ostrom, E.(1990). *Governing the commons: The evolution of institutions for collective action*. Cambridge: Cambridge University Press.

Pettit, P.(1997). *Republicanism: A theory of freedom and government*. Oxford: Oxford University Press. 곽준혁(역)(2012). 『신공화주의: 비지배 자유와 공화주의 정부』. 나남.

Pettit, P.(2006). Freedom in the market. *Politics, Philosophy, and Economics*, *5*(2), 131~149.

Pettit, P.(2010). A republican law of peoples. *European Journal of Political Theory*, *9*(1), 70~94.

Pettit, P.(2012). *On the people's terms: A republican theory and model of democracy*. Cambridge: Cambridge University Press.

Piore, M. J., & Sabel, C. F.(1984). *The second industrial divide*. New York: Basic books,

Prendergast, A.(1993). Marshallian external economies. *The Economic Journal*, *103*(417), 454~458.

Rawls. J.(2001). *Justice as fairness: A restatement*. Cambridge, MA: Belknap Press

Rigstad, M.(2011). Republicanism and geopolitical domination.

Journal of Political Power, 4(2), 279~300.

Sabel, C. F., & Zeitlin, J.(eds.)(1997). *World of possibilities: Flexibility and mass production in western industrialization*. Cambridge: Cambridge University Press.

Sandel, M. J.(2005). *Public philosophy: Essays on morality in politics*. Cambridge, MA: Harvard University Press.

Schumpeter, J. A.(1928). The instability of capitalism. T*he Economic Journal, 38*(151), 361~386.

Taylor, R. S.(2013). Market freedom as antipower. *American Political Science Review, 107*(3), 593~602.

Taylor, R. S.(2017). *Exit left: Markets and mobility in republican thought*. Oxford: Oxford University Press.

Thompson, M.(2018). A theory of council republicanism. In J. Muldoon (ed.), *Council democracy: Towards a democratic socialist politics* (pp. 108~128). London: Routledge.

White, S.(2011). The republican critique of capitalism. *Critical Review of International Social and Political Philosophy, 14*(5), 561~579.

03
글로벌 공화주의의 지정(경) 전략

서론

현재 세계 체제는 카오스 상태에 있다. 전체 체제 관점에서 보면, 세계 체제-분단 체제-국내 체제 삼중의 카오스 속에 빠져 들었다.[25] 국내 정치 체제를 보면, 윤석열 정부는 임기 중반에 이미 붕괴 상태에 들어섰다. 그러나 카오스 이후의 대안적 체제 비전은 뚜렷하지 않은데, 이 또

---

25) 세계 체제론에서는 세계 경제 및 국가 간 체제에서의 기존 패권 질서가 무너지는 상황·국면을 '카오스'라고 한다. 한반도 경제론 관점에서 세계 경제-분단 경제-국민 경제는 2010년대를 통해 분열·침체의 카오스 시대를 맞이했다고 본다(이일영, 2024, 49~50쪽). 조반니 아리기는 20세기 이후 세계 체제 시나리오를 서구 중심의 전 지구적 제국, 동아시아 중심의 세계 시장 사회, 세계적 수준의 카오스로 제시했는데, 2008년 세계 경제 위기 이후 '카오스' 요소가 강화되면서 갈등과 충돌의 가능성이 높아졌다(이일영, 2019, 167~169쪽).

한 카오스 상황의 일부다. 국내적으로는 2024년 4월 총선을 지나면서 새로운 정부를 어떻게 구성할 것인지에 관한 논의가 시작되었지만, 유력한 원내 정당인 더불어민주당과 조국혁신당의 비전이나 목표는 뚜렷하지 않다.[26)27)]

윤석열 정부의 자폭으로 새로운 정부 구성이 긴급하지만, 정권 · 정부 교체만으로는 카오스 상태에서 벗어날 수

---

26) 비전이나 목표는 조직 운영에서 매우 중요한 요소다. 왓킨스(Watkins, 2003/2014)는 신임 리더의 첫 90일이 성공적인 리더십 전환의 결정적 시기라고 논의했다. 초기 90일 동안 설정한 전략 방향, 비전, 목표가 조직 전체의 동기 부여와 행동 지침으로 작용하여 성과를 좌우한다는 것이다.

27) 『창작과비평』 205호(2024 가을)에서는 “2기 촛불 정부, 어떻게 만들 것인가”라는 특집을 마련했다. 여기에서 보면, 민주당 민병덕 의원은 특검법, 언론 개혁, 검찰 개혁 등의 정치적 과제, ‘먹사니즘’의 성장 전략, 그리고 일자리 균형, 기본소득 등 정책 과제를 나열했지만 체계적 이념이나 핵심 개념이 떠오르지는 않는다. 민주당의 22대 총선 공약의 4대 비전은, 민생 회복, 미래 희망, 민주 수호, 평화 복원 등이다. 그러나 민주당의 정책 의제 영역은 국민의힘의 것과 상당 부분 중복된다. 조국혁신당의 김보협 수석대변인은 22대 총선 공약으로 제시한 검찰 독재 정권 조기 종식과 사회권 선진국 토대 마련을 제시했다. 사회권 선진국과 개헌을 통한 ‘제7공화국’을 비전으로 내세웠으나, 비전의 구체성이나 개헌 논의의 실현 가능성을 평가하기는 어렵다(김보협, 2024; 민병덕, 2024).

없으므로 카오스에 대응한 비전과 대안이 함께 마련되어야 한다. 앞서 말한 대로 카오스는 삼중 체제 차원의 것이다. 국내 정치만 보더라도, 1987년 헌정 체제의 합의와 균형이 붕괴해 극단적인 정치 갈등이 일상화된 상태다. 경제 · 사회적으로도 1987년 체제의 균열과 쇠락이 심각하다. 동아시아형 성장 모델은 한계에 부딪혀 비공유적 저성장 체제가 고착되면서 계층 · 지역 · 세대 · 젠더 등 복합적 갈등이 구조화되었다(정준호 · 이일영, 2023).

세계 체제 차원에서 보면, 1968년과 1989년 이후 국가사회주의나 사민주의 모두 대중적 저항에 부딪혔다. 유럽 선진국과 사회주의권의 위기 속에서 동아시아로의 생산 재배치가 진전되었고 한국 · 대만에서는 민주주의가 진전되었다(김경일, 1998). 그러나 미국의 헤게모니 약화와 중국의 부상 속에서 동아시아 발전주의는 한계에 부딪히고 있다. 전 세계적으로 자유주의 및 점진주의에 대한 회의 속에서 극우 보수주의와 급진주의의 부상이 추세가 되고 있다. 한국에서도 분열된 세력들의 대결 · 충돌이 격화되는 중이다.

쇠락과 충돌의 카오스를 막을 수 있는 대안은 무엇인가? 자유주의인가? 애초에 급진 사상으로 등장한 자유주의는 19세기 이래 보수주의와 사회주의 사이에 위치하면서 이들을 길들이며 근대 세계 체제의 주축 역할을 했다. 그러나 20세기 말 이후 사회주의는 붕괴했으며 세계 체제를 지탱하는 자유주의의 역할이 약화했다. 강대국들에는 자유주의, 사회주의, 사민주의 모두 체제적 질서로 작동하지 않는다. 한국에서도 2010년대 이후 1987년 체제의 점진주의 균형이 무너졌다.

우리는 절망적 카오스를 벗어날 사상적 대안으로 공화주의에 주목한다. 왜 공화주의인가? 우선은, 과거가 다시 현재 · 미래를 도울 수 있을 것이라는 희망 때문이다.[28] 근대 세계 체제가 형성되는 길목에서 공화주의는 자유주의 · 사회주의에 길을 내주었다. 그런데 이제는 자유주의 · 사회주의가 파경에 이르렀으니, 공화주의라는 원류를 살피고 재구성하는 사상적 실험이 필요한 시점이라고 생각한다. 다음으로는, 시민적 덕성과 자유에 기초한 질서에 대한 희망 때문이다. 사상의 부재는 국가 · 사회의

---

28) 작가들의 말에서 카오스에서 빠져나오는 마음 자세를 생각해 본다. "절망은 허망하다. 희망이 그러한 것처럼."[루쉰(魯迅), 「들풀」] "오히려 과거가 현재를 돕고 있고 글을 쓰는 저를 죽은 자들이 돌보고 있다고 느꼈어요. 제가 포기하고 회의하고 도망치고 싶을 때마다 오히려 죽은 자들이 계속 저를 믿고 끌고 가고 그런 걸 느꼈어요."[한강(韓江), "윤동주와 나" 강연]

부패와 타락을 만연시키고 있다. 공화주의를 '공동의 것(res publica)'을 다시 세우자는 깃발로 삼을 만하다고 생각한다.

물론 공화주의 논의에도 취약점이 있다. 첫째, 공화주의는 공화국이라는 정체를 중심으로 논의가 이루어지면서 정치 부문 외에서는 제도 · 이론의 발전이 상대적으로 뒤처져 있다.[29] 둘째는 일국 차원의 공화국 논의가 중심이 됨으로써 국가를 넘어서는 글로벌 문제와 국가 아래 수준의 지역 문제에 대해서는 논의가 소홀한 편이다. 이에 이 장에서는 로마 전통을 이어받은 '신공화주의(neo-republicanism)'를 세계-한반도-한국에 적용할 수 있도록 새롭게 평가하고 재해석하려 한다. 이를 위해 신공화주의에서 발전한 글로벌 공화주의의 흐름을 추적하고 이를 동아시아 · 태평양 지역의 현실에 응용한 대안적 지정(경) 전략을 논의하고자 한다.

---

29) 공화주의 경제 대안에 대한 논의로는 정준호·이일영(2024)의 연구가 있다. 여기에서는 신공화주의의 '비지배 자유' 개념을 발전시킨 경제 체제의 조직·구성 원리는 자유로운 생산자 연합과 혼합적 시장경제라는 점, 이로써 충분한 경제적 기준선을 세워 구성원들의 정치·경제적 참여를 확대하고 동등한 지배권을 통해 경제 주체 간 견제와 균형을 도모한다는 점을 논의한 바 있다.

이하에서는 글로벌 공화주의의 흐름을 페팃(P. Pettit)의 '세계화된 일국 공화주의'와 듀드니(D. Deudney)의 '연방-공화주의'를 중심으로 고찰한다. 이어서 글로벌 공화주의를 동아시아 · 태평양 지역에 적용해 네트워크형 경제 안보 및 국가 연합 질서의 구상을 제기한다. 네트워크 질서를 구성하는 핵심 전략으로, 한국-동남아 국가 연합을 출발점으로 하면서 남북 국가 연합 형성의 계기를 탐색하는 방책을 제안한다.

글로벌 공화주의 담론의 흐름

공화주의는 기본적으로 일국 체제에서의 논의다. 로마 전통의 공화주의를 적극적으로 해석하고 '비지배로서 자유(freedom as non-domination)' 개념을 부각한 '신공화주의' 역시 일국 차원의 논의에 기반하고 있다.[30] 이에

30) 공화주의 사상의 핵심 개념은 혼합 정체, 시민적 덕성, 비지배 자유 등이다. 고전적 공화주의에서는 혼합 정체, 신-아테네 공화주의에서는 시민적 덕성, 신-로마 공화주의에서는 비지배 자유 개념이 강조되었다. 통상 신공화주의는 신-로마 공화주의(Neo-Roman republicanism)의 흐름을 의미한다(정준호·이일영, 2024, 12~15쪽).

대해 '글로벌 공화주의' 담론은 신공화주의의 연장선에 있지만, 글로벌 차원으로 확장된 공간과 물적 · 경제적 조건, 지정(경)학적 맥락에서 어떻게 비지배 자유를 최대한 지속해서 추구할 것인지를 논의한다(Schouten, 2013).

이러한 글로벌 공화주의 흐름은 크게 몇 가지로 구분해 볼 수 있다(〈표 1〉 참조). 우선은 일국 차원의 공화주의 논의를 공간적으로 확장하려는 시도다. 페팃(Pettit, 2010)은 일국(폴리스) 차원의 공화주의 원리를 글로벌 공간에서도 적용하는 '세계화된 주권' 개념을 추구한다. 듀드니(Deudney, 2007)는 그간의 정치사상에서 일국을 넘어서는 공화주의 개념의 통찰을 찾아 국가 · 지역이 연방 · 연합하는 공화주의로 재구성하려 시도한다. 이렇게 일국적 공화주의에 기반을 둔 글로벌 공화주의는, 상이한 권력을 가진 국가의 지리와 기술의 공간 배치와 그 상호작용을 탐구하는 지정(경)학적인 사고와 관계되어 있다. 여기에서 더 나아가, 국가를 단위로 한 지정(경)학적 사고를 완전히

이 장에서는 신공화주의를 확장한 글로벌 세계와 한반도 차원에서 새롭게 해석하고 적용하는데, 이는 '새 공화주의(New Republicanism)'로 부를 만하다고 본다.

뛰어넘는 흐름도 있다. 코스모폴리탄 공화주의는 일국 차원의 공화주의를 공간적으로 확장한다는 문제 설정 자체를 무너뜨린다(Laborde, 2010; Rigstad, 2011).

글로벌 공화주의 담론은 국제 정치 사상의 흐름과 관련을 맺고 있다. 글로벌 공화주의는 현실주의와 이상주의(자유주의)의 대립축과 공동체주의(communitarianism)와 코스모폴리타니즘(cosmopolitanism)의 대립 축 사이에 놓여 있다. 전자에서 현실주의는 무정부적 세계에서 국가 생존을 우선시하고, 반면 이상주의(자유주의)는 확립된 도덕 · 규범에 따라 국가가 운영되고 개인의 정의가 증진된다고 가정한다.[31] 후자의 대립축에서 공동체주의가 도덕 원칙의 특수성을 인정한다면, 코스모폴리타니즘은 보편적인 도덕 원칙을 강조한다.

상업적 공화주의는 대체로 일국 공화주의 담론의 공간적 확대판으로 자유주의적 이상의 글로벌 공화주의를 논의한다. 예를 들면, 테일러(Taylor, 2017)는 경제적이든 정치적이든 자의적인 권력을 견제하기 위한 수단으로 자유

31) 현실주의는 세계 정치에서 '도덕적 회의론'을 견지한다(Beitz, 1979, p. 13). 따라서 무정부적 세계에서 정치적 행동은 생존에 국한되기 때문에 현실주의 국제 정치학에서 도덕적 주장은 불가능하다.

무역과 자유로운 이주를 수용하는 글로벌 공화주의를 주장한다. 이는 이탈(exit) 지향적인 국가 개입주의의 글로벌 버전이다. 국민국가로부터의 이탈 옵션이 허용되면, 공화주의가 지향하는 개인의 비지배 자유는 더욱 향상될 수 있다는 것이다.

그러나 국제 관계 속에서 국가 간 비지배 자유가 실현되고 국가가 국민에게 이탈 옵션을 허용하는 문제는 현실적으로 간단치 않다. 우드(Wood, 2015)는 신공화주의 논의가 국제 관계에 적용되는 방식은 두 가지가 있다고 정리한다. 첫째는 국가 권력이 각각 평준화되어 어느 국가도 다른 국가에 휘둘리지 않도록 하는 것이다. 둘째는 모든 국가의 비지배를 보장하는 세계 국가, 즉 '시비타스 맥시마(Civitas Maxima)'[32]를 세우는 것이다(Wight, 1991, p. 41). 그런데 세계 국가는 회원국의 주권적 자유와 필요한 경우 물적 지원을 보장하지만, 모든 사람을 자국민으로 대우할 것을 요구하지는 않는다. 그러한 요구는 역설적으로 이웃을 돕고 싶지 않은 국민을 지배 또는 통제하는 것이기

---

32) 이는 '가장 위대한 사회 또는 시민'으로 번역되며, 공통의 법적·도덕적·문화적 유대로 묶인 다양한 사회적·민족적·문화적 집단의 연합 또는 연맹을 의미한다.

때문이다(Wood, 2015).

페팃(2010)은 이상주의 흐름에서 현실주의를 감안해 세계 국가의 구상에 반대하는 편에 서 있다. 각 국가의 국민은 지리적으로 분리되어 있고, 문화·정치적으로 제한된 사회 속에서 정치적 행동을 영위하는 것이 현실이다. 국내 문제에 대해서는 자신만의 심의 방식을 의미하는 공통의 판단 체계가 있는데, 상이한 국가의 국민 간에는 이러한 판단 체계가 없다는 것이다. 따라서 비지배와 공정한 대우는 일국 내로 한정해야 한다고 주장한다.

페팃의 신공화주의 논의에서 핵심은 비지배 개념이다. 일국 내에서 이는 시민이 국가, 기업, 또는 다른 개인의 자의적 권력 행사에 얽매이지 않는 상태를 말한다. 이는 법치주의, 시민의 민주적 통제, 사회 경제적 불평등 완화 등을 통해 이루어질 수가 있다(정준호·이일영, 2024). 글로벌 차원에서 확장하면, 이는 한 국가가 다른 국가(주로 강대국), 다국적 기업 또는 초국가 기구의 자의적 권력에 종속되지 않는 상태를 의미하며, 강대국의 영향력, 경제적 의존성, 그리고 국제기구의 불투명성과 같은 구조적 문제를 해결해야 가능하다(Pettit, 2010). 하지만 페팃의 논의는 국가 자율성과 국가 간 평등을 기반으로 국제법과 초국가적 기구의 역할은 보완적이라고 제시한다. 따라서 그의 논의는 어찌 보면 상업적 공화주의에 비해 덜 이상주의(자유주의)적이고 좀 더 현실주의적이며, 글로벌 공화주의라고 하기에는 무리가 있을 수 있다고 본다. 그럼에도 그는 글로벌 차원의 비지배를 위해 국가의 자율성에 기반한 국제법 강화, 초국가 기구의 민주화, 경제적 종속의 억제 등을 주장한다(Pettit, 2014).

코스모폴리탄 공화주의에서는 페팃의 이러한 논의에 대해 보다 보편적인 문제의식과 도덕 원칙을 기준으로 비판한다. 라보르드(Laborde, 2010)는 페팃이 염두에 두고 있는 공화주의 가치가 전통적으로 '코스모폴리탄'이 아닌 '폴리스'에서 실현됐으므로 세계 빈곤이나 불평등과 같은 시급한 글로벌 문제를 다루는데 맹점이 있다고 본다. 마찬가지로 릭스타드(Rigstad, 2011)도 페팃의 논의가 국민의 지리적 분리를 과장하고 내부 비지배를 달성하기 위한 일국적 시각을 과대평가하여 글로벌 지배의 구조적 근원을 다루는 데 적절하지 않다고 비판한다.

확실히 전통적인 공화주의 이상은 폴리스처럼 작은 공간 규모 또는 이러한 공간들의 연합에서 잘 작동되는 측면이 있다.[33] 이에 따라 듀드니(2007)는 공간 규모와

33) 아테네의 도시 국가 규모는 현존하는 룩셈부르크의 그것과 거의

범위의 역할을 고려해 자유주의(이상주의)와 현실주의 해석을 넘어선 '연방-공화주의'의 국제주의를 제시한다. 지정학을 다양한 규모의 무정부적 국제 질서와 위계적인 국민국가에 구속력을 부여하는 지리와 기술의 조합, 즉 물적 맥락으로 규정하고, 세계화 시대의 지정(경)학적 불안정성에 대한 해결책으로 대(大)공간의 연방(연합)-공화주의 질서를 제안한다(Deudney, 2007, p. 235). 이는 연방인 미합중국을 탄생시킨 필라델피아 체제가 폴리스 공화주의 논리를 현대적으로 적용한 것이라는 사고의 연장선에 있다.

이하에서는 신공화주의자 페팃(2010)과 공화주의적 국제주의를 재구성한 듀드니(2007)의 논의를 좀 더 자세히 고찰하면서 공화주의가 지정(경)학적 논리를 어떻게 펼쳐가고 있는지를 살펴보고자 한다. 양자를 비교하면, 페팃은 기존의 자유주의적 민주 평화론에 좀 더 기울어져 있고, 듀드니는 자유주의와 현실주의 양자를 뛰어넘어 글로벌 공화주의 담론을 구성하려 한다고 볼 수 있다. 이는 공화주의적인 지정(경)학 논의의 다양성을 보여 주고 있다.[34]

유사하고, 또한 아리스토텔레스는 시민 인구를 1만 명에서 10만 명 사이로 규정했다(Deudney, 2004, p. 324).

페팃의 세계화된 일국 공화주의

세계화된 일국 주권

신공화주의는 자유와 국가 간 관계가 '구성적(constitutive)'이라고 생각한다. 개인의 자유 추구는 자의적인 권력 지배로부터 시민적 성취를 의미하며, 이처럼 비지배로서의 자유는 '설계에 의해서만' 얻어진다(Pettit, 1997, p. 122). 신공화주의 자유는 개인을 괴롭히고 자신의 삶을 통제할 수 있는 역량을 떨어뜨릴 수 있는 다양한 형태의 권력으로부터 안전 보장(security)을 말한다.

신공화주의 담론에서 핵심 개념 중의 하나가 바로 공공선인데, 이는 개인 이익의 단순한 집합이 아니라 개별적으로 얻을 수 없는 것에 대한 구성된 공동의 이익, 즉 '공유된' 자유를 말한다(Pettit, 1997, p. 284), 이러한 의미에서 어

---

34) 이 장의 관심사는 국가 차원의 지정(경)학적 공화주의 논의를 정리하는 것이므로, 코스모폴리탄 공화주의에 관한 자세한 언급은 하지 않기로 한다. 그렇다고 국가를 물신화해서 나타나는 '영토 함정'에 빠지지 않고 다양한 공간 수준에서 연계된 구조화된 비지배가 어디에나 상존한다는 코스모폴리탄 공화주의의 논점을 부정하는 것은 아니다(Laborde, 2010; Rigstad, 2011). 이들 코스모폴리탄 공화주의자는 초국적 사회 운동이 대안적 세계 질서의 토대로 기능할 수 있다는, 즉 '아래로부터의 세계화'를 주장한다. 이는 인류 전체를 위한 상상된 공동체를 통해 인도적 포용의 원칙을 세우고자 한다.

떠한 자의적인 지배로부터의 개인의 안전 보장은 공공선으로 볼 수 있다. 또한, 공화주의는 정치 참여가 공익을 증진하고 자의적 지배를 피하는 데 중요한 부분이라고 생각하고, 공적 결정에 대한 다양한 경합 수단의 중요성을 역설한다. 이 과정에서 차이와 다원주의가 장려되고, 어떤 편협한 민족주의 규범은 배제되며, 공공성을 수반하는 규범이 중시된다(Pettit, 1997, p. 8).

신공화주의는 모든 형태의 공적 · 사적 권력은 경합할 수 있어야 한다고 본다. 잘 조직되거나 부유한 집단이 정치 과정을 지배하고, 불평등과 국가 개입의 상대적 부재에 따라 개인이 취약해지는 것을 용인할 수 없다고 생각한다.[35] 실제 간섭이 발생한 경우에만 대응하는 것이 아니라, 간섭이 명확하게 드러나지 않더라도 간섭의 가능성을 추적하는 것을 장려한다. 그리고 신공화주의는 집단적인 의사 결정인 공공선을 개별적이고 원자화된 개별 이익의 집합이 아니라, 공유적이고 구성적인 측면에서 바라보고 있다.

---

35) 신공화주의는 공익을 위한 정부 시장 규제에 대해 회의적이지 않다(정준호·이일영, 2024). 물론, 공적 권력이 비대해지면 이를 견제해야 한다고 지적한다. 모든 권력은 경합적이어야 한다는 것이다.

이처럼 신공화주의 주장의 핵심은 개인에게 행사되는 권력을 최대한 통제함으로써 비지배의 조건에서 살 수 있는 상황을 실현하는 것이다. 페팃(2010)은 글로벌 차원에서는 '공화주의 민족법(republican law of peoples)'이라는 논의를 전개한다. 그는 일국 차원에서는 비지배로서 자유와 불간섭으로서 자유를 대비했는데, 글로벌 차원에서는 비지배를 베스트팔렌 불간섭 원칙과 대비한다. 또한, 그는 개인을 민족으로 치환하고, '비지배로서의 자유' 비전을 '세계화된 주권(globalized sovereignty)' 비전으로 대체한다(Pettit, 2014, p. 153). 일국 수준에서와 마찬가지로, 그의 신공화주의는 자의적이지 않고 우발적 통제가 아닌 구조적 지배에 맞서는 한에서는 국가 문제에 대한 간섭을 허용한다. 이러한 점에서 페팃은 국제 질서에 대한 베스트팔렌 조약에 입각한 불간섭 입장과는 견해를 달리한다.

이러한 논리에 따라 페팃은 국가가 특정 순간에 개입하지 않는 것만으로는 충분하지 않으며, 구조적 차원에서 다른 국가나 국제기구에 자의적으로 지배되어서는 안 된다고 주장한다(Pettit, 2010). 즉, 국제 질서가 특정 국가나 민족의 지배를 방지하는 동시에 그 자체로 어떤 민족이나 국가를 지배하지 않도록 보장해야 한다는 것이다.

공화주의 국가 간 연합

페팃의 논의에서 국가는 여전히 중요한 관심사다. 그는 국가를 효과성(effectiveness)과 대표성(representativeness)이라는 두 개 범주를 기준으로 네 가지 유형의 국가 유형을 상정한다(Pettit, 2010, p. 70).[36] 당연히 효과적이고 대표적인 국가가 사적 지배로부터 국민을 보호하는 데에 더 나은 역량을 발휘한다. 효과적-대표적인 유형의 국가는 비지배 방식을 취하므로 공화주의 비전에 부합한다. 따라서 이러한 유형의 국가를 중심으로 네트워크와 협정을 통해 합법적인 국제 질서를 구축하는 것이 필요하다고 그는 주장한다(p. 72).

페팃의 논의가 시사하는 바는 세계화된 공화주의 국가들의 연합이고, 이는 국가 자율성이 인정되는 가운데 투명하고 책임성이 있는, 즉 민주화되고 개혁된 UN과 같은 일종의 국제 연맹으로 느슨한 협력 구조라는 것이다. 이

36) 여기서 효과성은 국가가 자국민에게 기본 서비스를 제공할 수 있는 역량을 가리키고, 반면에 대표성은 국가가 선거, 경선, 책임이라는 메커니즘을 통해 시민에게 국가의 결정에 대한 진정한 통제 수단을 제공할 수 있는 제도적 메커니즘을 충분히 잘 갖추고 있는가를 말한다(Pettit, 2010, pp. 70~71).

러한 발상은 민주 평화론이라는 자유주의적 공화주의 전통에 기대고 있다(Lovett & Pettit, 2009, pp. 21~22). 하지만 민주 평화론은 민주 국가 내외에 존재하는 평화 정도를 과장하며, 민주 국가와 비민주 국가 간 갈등을 무시하는 경향이 있다. 효과적-대표적인 공화주의 국가가 비효과적-비대표적인 국가에 대해 인도주의적 개입이 필요하다고 주장하지만, 이러한 논의가 구체적으로 진전되지는 않는다.

다른 한편으로, 공화주의 사상에서는 공공선이 중요한 개념이지만, 페팃의 논의에서 이에 상응하는 글로벌 차원의 공공선이 있는가는 불명확하다(Pettit, 2010). 글로벌 대중이 없는 상황에서 비지배적인 국제적 행동의 범위는 크게 줄어들 수 있으며, 실제로 여러 국가의 국민이 중첩적으로 합의하는 경우에만 행동이 용인될 수 있다. 다른 한편으로, 그는 경제적 강압과 의존을 지배의 원천으로 명시적으로 규정한다(pp. 77~78). 공화주의가 소수의 부를 우선시하는 것이 아니라, 사회 구성원 모두가 안전하다고 느끼는 공동의 자유를 지향한다는 점에서 자본주의에 대한 규제가 필요하다는 것이다.

효과적 · 대표적 유형의 국가에 대한 낙관론과 더불어, 페팃은 국제기구가 개별 국가에 대한 권력을 분산시킨다는 점 때문에 이에 대한 낙관적 견해를 피력한다(Pettit, 1997, p. 179). 토마스(Thomas, 2015)가 지적하듯이 대부분의 국제기구는 권한이 제한되어 있으며, 대중의 참여 기회가 제한되어 진정으로 열린 심의 가능성은 배제되고, 현실에서는 지극히 불평등한 당사자 간 교섭의 형태로 이루어지는 경우가 많다. 물론 페팃이 공화주의 이상에 근거해 다자 기구가 이러한 공화주의 국가 연합이나 국제 연맹 형성을 촉진할 수 있을 것으로 기대한다고 해서(Pettit, 2010, p. 86), 그가 국제기구에 전혀 문제가 없다고 주장하는 것은 아니다(Pettit, 2014).

페팃은 일국 공화주의 비전을 글로벌 수준의 '세계화된 주권' 비전으로 재구성했다. 그의 비지배 자유 개념은 국제 질서에서 자의적인 권력 행사에 대한 강력한 비판적 도구다. 따라서 각 국가가 제국주의를 포함한 여러 형태의 지배에서 벗어나는 것은 중요한 문제다. 여기서 공화주의자는 대체로 세계 국가의 존재 가능성과 보편적 시민 자유의 확립 가능성에 대해 의문을 제기한다(Wood, 2015). 페팃도 진정한 공화주의 국가는 공화주의 국가 간 연합 내에서만 가능하다고 주장한다(Pettit, 2010). 다시 말해 공화주의 국가의 권력 통제는 공화주의 국가 간 정치적 합의를 통해서만 가능하고, 다양한 층위의 다국적 협력과 제도화는 공화주의적 비지배에 일조할 수 있다고 생각한다.

페팃(2010)의 이러한 주장은 경제의 세계화에 따라 국가 간 상호 의존성이 증대되었음에도 독자적인 세력 균형 전략을 통해 평등한 권력을 추구하는 동기가 더 강하다는 가설에 기반을 둔다. 공화주의적 국익 추구는 국제적 권력 유지 전략처럼 공화주의 원리를 장착한 국가 간 연합 전략으로 이어진다. 다른 한편으로, 페팃은 공화주의 국가가 힘의 균형 전략을 수용하는 것 외에도 초국가적 공개 포럼에서 다자간 담론과 숙의를 통해 다양한 지정(경)학적 문제를 다룰 수 있다고 주장하기도 한다.

전술한 바와 같이, 페팃의 논의는 국가의 자율성에 기반한 공화주의 국가 간 느슨한 협력 구조인 개혁된 UN과 같은 국제 연맹을 상정하며, 국제법 준수와 민주화된 국제기구가 다양한 글로벌 문제를 해결할 수 있다고 본다. 또한, 그의 논의에서 비지배적인 국가 자율성이 강조되므로 국가 간 정치적 불균형과 경제적 불균형 문제는 해소되어야 한다.

코스모폴리탄 공화주의의 비판

이처럼 페팃의 논의는 인격화된 국가 간 상호작용에 초

점을 둔다. 이에 따라 국가 간 전략적 상호 의존의 우발적인 가능성만 인정할 뿐이다. 비인격화된 구조적 성격에 대한 문제 제기는 배제되고, 초국적 자본과 연관된 글로벌 이슈가 도외시된다(Laborde, 2010; Rigstad, 2011). 기후 위기와 글로벌 가치 사슬 변동과 같이 글로벌 차원의 경제적 · 생태적 상호 연계는 다자간 협력 체계 구축의 필요성을 높이고 있으며, 이 자체가 구조적 지배의 형태다. 현실에서는 국내 문제를 글로벌 이슈와 분리하기 어렵다. 국내 문제 자체가 경제적 세계화의 결과라는 점에서 국내의 비지배성은 지정학적 비지배성과 밀접하게 연관되어 있다(Laborde, 2010).

페팃(2010)에 대한 코스모폴리탄 공화주의의 비판(Laborde, 2010; Rigstad, 2011)은 권력이 어디에 있어야 하는지에 대한 문제와 연관되어 있다. 페팃과 같은 신공화주의자는 여전히 국가가 공권력 기반으로 남아 있어야 하고, 국제기구와 다자간 연합이 국가를 대체하기보다는, 이를 강화하고 보완한다고 주장한다. 반면, 코스모폴리탄 공화주의 관점은 공화주의 정치가 국가주의에 의존하지 않고 글로벌 차원의 이슈를 포함할 수 있는 정치적 참여를 증진해야 한다는 문제의식을 제기한다.

듀드니의 연방-공화주의 구상

네가키 원리와 연방-공화주의

페팃의 '세계화된 주권'은 국가 간 연결을 통해 공화주의를 글로벌 차원으로 확장한다. 물론 세계화된 주권 개념 역시 일국 차원의 주권을 전제로 한 것이다. 이에 대해 듀드니(2007)가 논의하는 글로벌 공화주의는 국가 간 네트워크에 기반한 것이다. 베스트팔렌 체제는 무정부적인 국제 질서와 위계적인 근대 국민 국가를 기반으로 하는데, 현실주의자는 무정부적인 국제 질서의 안전 보장에 관해서만 이야기할 뿐이고, 이상주의자(자유주의자)는 이와 무관한 상호 의존성에 관해서만 관심을 기울일 뿐이다. 그는 무정부(anarchy)와 위계(hierarchy)라는 이분법을 넘어서기 위해 몽테스키외 등 공화주의 사상에서 도출한 네트워크에 입각한 '네가키(negarchy)'의 조직 원리를 제안한다.[37] 그는 무정부, 위계, 네가키의 삼자 틀

37) 공화주의는 대중 주권에 기반하며, 이는 권력에 대한 제약을 수반한다. 주권이 궁극적으로 중앙 집중적 권력을 의미한다면, 공화주의는 이에 반대되는 조직 원리다. 따라서 국가의 위계적 정치 체제는 공화주의의 그것과는 다르다(Deudney, 2007). 'negarchy'는 'negate(부정하다)'와 'archy(통치)'의 합성어로, 특정 권력이나 통치 우위를 부정하고, 다원적이고 분산된 권력 구조를 지향하는 의미를 담고 있다.

에 기반한 공화주의 안전 보장론을 구성한다.

듀드니는 일국에서 확장된 공간적 규모에서 무정부와 위계를 피하기 위해서는 네가키 원리와 복합적인 연방-공화주의로 구성되는 세계 질서를 추구해야 한다고 주장한다. 현실주의 국제 정치에서는 정치 · 경제 · 군사적 역량을 집중적으로 동원해 안전 보장(즉, 평화)을 달성하려고 시도하는데, 이는 외부의 군사적 위협 역량이 낮을 때는 유효한 전략이다. 하지만 핵무기와 첨단 무기 체계에 의한 위협 역량의 규모와 증가 속도가 빠를 때는 현실주의 전략은 효과가 줄어든다. 이럴 때는 상호 구속을 통해 군사적 위협 역량의 동원을 줄이는 제도적 관행의 묶음, 즉 '연방주의 연합(federal union)' 또는 '연방-공화주의' 전략이 유효하다는 것이다(Schouten, 2013).

듀드니의 글로벌 공화주의 논의의 특징은, 영구 평화론을 제안한 칸트를 부차적 인물로 간주하고, 몽테스키외나 매디슨 등 미국 건국 아버지들을 더 높이 평가한다는 점이다(Deudney, 2004). 몽테스키외는 물적 맥락과 정치 형태 간 상호작용을 분석했으며, 미국 건국 아버지들은 다양한 권력 제한 장치들을 새로운 방식으로 재조합하여 공화주의 정치 연합의 공간적 범위를 확장했다는 것이다. 이들 논의가 중요한 것은, 외부 위협에 대한 생존을 위해 충분한 규모가 있으면서 내부 파벌주의를 극복할 수 있을 정도의 내부 안정성이 있는 공화국을 만드는 문제에 대한 해결책을 제시했기 때문이다. 무정부 상태와 위계질서는 공화주의를 구현하지 못한다. 이에 비해 연방-공화주의는 경쟁적인 국내외 관계에서 대칭적인 상호 구속을 통해 공화주의를 지속 가능케 하는 정치 · 제도적 배치라고 할 수 있다.

민주 평화론은 이미 안정적인 민주 공화국들로 가득 찬 세계를 상정한다. 이러한 세계에서는 우호 조약을 맺은 얇은 '평화 연합'만으로도 외부 위협에 대한 대처가 충분하다. 이러한 세계는 세계 정부가 없다는 의미에서 무정부 상태에 있지만, 이 상태는 전쟁의 두려움과 위협보다는 법의 지배를 받는다고 가정한다. 칸트의 영구 평화론은 아테네식의 직접 민주정을 경계하고 공화정을 상정하고 있지만, 현대적 의미로 보면 둘이 어느 정도 호환 가능하다고 보아 이러한 세계를 암묵적으로 가정한다. 칸트는 주권 국가 간 평화를 유지하기 위한 국가 연합 형태의 국제 협력을 주장하기는 했지만, 이는 이성적이고 윤리적인 원칙을 중심으로 한 규범적 접근이었다. 그는 실제적인 맥락에서 이를 구체적으로 체계화하지 않았다(Doyle, 1997, pp. 254~258).

반면에 매디슨과 같은 공화주의자는 민주 공화국 간 관계를 고양하기 위해 무정부 상태를 대체하는 국가 간 연합이 필요하다고 주장했다(Deudney, 2007). 몽테스키외는 국제 정치에서 기후, 지형, 토양 비옥도, 해상 접근성, 인구 밀도, 공간 규모와 같은 지정학적 요인을 중시했다. 그는 산악 지형이나 섬과 같은 자연적 장애물이 있는 소규모 국가는 공화국이라는 정치 형태를 취하고, 자연적 장애물이 중간 정도인 초기 근대 유럽과 같은 중규모 국가는 군주국이 되고, 대평원처럼 자연적 장애물이 없는 대규모 제국은 전제 군주가 통치하는 것이 자연스러운 속성이라고 기술한 바 있다(Montesquieu, 1949, p. 122). 이러한 주장은 규모에 따라 정치 체제의 배치가 달라질 수 있고 지리와 기술의 조합이라는 지정학적 맥락에 따라 정치 체제가 가변적일 수 있다는 점을 의미한다.

공화주의를 유지 · 발전시키기 위해서는 비지배 자유를 확장된 대(大)공간 규모에서 실현할 수 있는 새로운 유형의 정치 연합이 필요하다. 연방-공화주의는 대중적 주권과 확대된 규모의 대공간을 연결해 준다. 이는 수많은 작은 공화국이 연합(union)과 연맹(league)을 형성하기 위해 뭉칠 수 있다는 고대 공화주의 사고를 반영하고 있다(Deudney, 2004).

듀드니는 연방-공화주의의 전형적 사례로 필라델피아 체제의 일환으로 탄생한 미합중국을 거론한다. 미합중국은 위계적 국가를 단위로 구성된 무정부 상태의 베스트팔렌 체제 속에서 발생할 수 있는 국내외 위협에 동시에 대처가 가능한 복합 공화국으로 설계되었다는 것이다(Deudney, 2007).[38] 이러한 필라델피아 · 매디슨 모델이 적용될 수 있다면, 서로 다른 공간적 규모를 연계한 상호 구속을 통해 개인이나 국가의 안전 보장이 가능할 수가 있다.

지정학과 연방-공화주의

듀드니의 주장은 지정학을 공화주의 안전 보장론에 통합한다는 점에서 기존 국제 정치학 논의와는 맥락을 달리한다(Coleman, Agnew, Murphy, Debrix, & Deudney, 2012). 기존 논의에 따르면, 전략적 국제 경쟁과 상호작용을 다루는 현대 지정학은 현실주의와 동일시된다. 하지만 듀드니는 지정학을 '기술을 통해 변화하는 자연', 즉

---

38) 실리에 의하면, 미국은 건국 당시 대의제라는 그 당시의 혁신적 정치 형태와 연방주의를 결합하고 새로운 교통·통신 기술을 이용해 독재나 분열 없이 대규모 이민과 팽창을 가능케 했다(Seeley, 1971, p. 62).

특정 지역과 기술의 조합이라는 물적 맥락으로 인식했다(Deudney, 2007, p. 16). 그는 지리와 기술의 조합에 따라 변화하는 힘, 즉 지정학을 그에 수반되는 무정부, 위계, 연방-공화주의 등의 정치 체제를 조절하는 이론적 · 실제적 틀로 활용한다. 이에 따라 지정학은 현실주의와 자유주의(이상주의) 간 중재자 역할을 한다는 것이다. 듀드니에 의하면, 변동하는 지정학과 정치체제 간 연관은 고정적인 것이 아니라, 역사적 · 공간적으로 가변적인 것이다(Deudney, 2000).

듀드니에 의해 재구성된 글로벌 공화주의의 안전 보장론은 현실주의의 비현실성을 비판한다. 현실주의는 일국 내부에서 분할되지 않는 주권과 상호 인정된 일국의 자율성을 보장하는 베스트팔렌 주권을 강조한다(Deudney, 2007, p. 265). 이러한 틀에서 세력 균형은 핵심적 권력 견제 수단이다. 그러나 이제 핵무기와 첨단 무기 체계로 외부의 군사적 위협이 너무 강력해져서 세력 균형에 수반되는 전면적 역량 동원은 오히려 안전 보장에 위협이 되고 있다. 외부 위협이 강력한 상황에서 세력 균형보다 세력의 분리 · 분할이 더 효과적인 전략이 될 수가 있다.

연방-공화주의는 내부의 대중 주권과 함께 외부 권력이 공동으로, 분할되고 제한된 형태로 배치된 상태를 가정한다(Schouten, 2013). 연방-공화주의에서는, 상호 구속을 통해 국내외 위협을 제어할 수 있다고 본다. 상호 구속은 견제할 수 없는 내부 위계질서를 만들지 않으면서 외부의 무정부 상태를 피하게 하는 방편이다(Deudney, 2007, p. 15). 따라서 앞선 페팃의 논의와는 달리, 듀드니의 논의에서 국가 주권은 연방적 질서 구축을 통해 상대화된다.

그런데 주지하는 바와 같이, '상호 구속'은 현실에서 흔하게 볼 수 있는 외교적 관행이다. 예를 들면, EU 통합은 독일을 구속하려는 프랑스의 노력이었으며, 국제기구는 일반적으로 국가를 구속하려는 제도적 장치다. 여기에서 중요한 것은, 위계 구조를 구성하는 '비대칭적' 구속과 연방-공화주의를 구성하는 '상호적' 또는 '공동적' 구속을 구분하는 것이다(Deudney, 2004).

연방-공화주의는 자유를 중시하고, 외부 위협에 대응하는 데 필요한 경우에만 중앙 집권적 정치권력을 지지할 뿐이고, 상호 견제와 상호 구속을 전제한다. 이를 위해 균형, 분리, 혼합, 미덕 등과 같은 다양한 권력 견제 장치가 활용될 수 있다. 이들 장치는 다양한 공간 수준을 엮어 다양한 방식으로 결합함으로써 여러 가지 역할을 효과적으로 할 수 있다. 그러한 실제 사례로 유럽연합과 NATO 등을 들 수가 있으며(Deudney, 2007), 이들은 느슨한 국가

〈표 1〉 글로벌 공화주의의 논의 비교

구분	세계화된 일국 공화주의	연방-공화주의	코스모폴리탄 공화주의
논의 초점	비지배와 국가 자율성	안전 보장(평화)을 위한 연방적 통합	글로벌 시민권과 개인의 비지배
국가 주권	국가 주권 존중, 초국가 기구는 보완적	국가 주권 상대화, 연방 체제를 통한 제한	국가 주권 종속, 글로벌 법과 제도가 우선
안보 조건	강대국 간섭과 경제 종속의 억제	연방적 상호 구속을 통한 내부 위계와 외부 무정부 상태 제거	개인의 비지배와 초국가 기구의 지배
경제 문제	공정한 경제 질서 구축을 통한 비지배 보장	경제 문제보다 안전 보장(평화) 중시	글로벌 차원의 재분배와 빈곤 해소
사례	개혁된 유엔(국제 연맹)	미국 연방의 확장(예: EU, NATO 등)	Global Court와 같은 초국가 기구

자료: 필자 정리.

의 자율성이 있으면서 국가 간 느슨한 협력체인 UN과는 다른 조직 구성 원리를 지닌 것이다.

요컨대, 듀드니는 지리와 기술의 조합에 따라 변동하는 지정학적 현실을 적극 고려했다. 이에 따라 다양한 공간적 규모와 범위의 현실 속에서 무정부 상태와 위계질서의 극단을 동시에 피함으로써 공화주의적 안보 보장론을 재구성할 수 있다고 주장한다. 그는 국내외에 걸친 공화주의 질서가 무정부 상태에 따른 외부 위협과 내부의 위계질서가 독재나 전제로 전락할 수 있는 두려움이라는 두 가지 문제를 해결할 수 있다고 보았다. 또한, 그는 국내외 정치 질서가 기술과 지리의 조합인 지정학과 연관되어 있다고 본다. 이러한 지정학 논의는 국가를 물신화하는 '영토적 함정'이라는 비판을 받기도 하지만(Coleman et al., 2012), 국가는 여전히 주요 분석 대상이라는 점을 웅변하기도 한다.[39] 그에게 공화주의는 대칭적인 상호 견제와 상호 구속이다. 이를 구현하는 연방-공화주의 정치 질서는 더 큰 공간 규모로 복제하고 다른 정치 사회를 공동 구속함으로써 개인과 국가의 안전 보장을 지속 가능케 한다.

글로벌 공화주의 담론의 비교

이 장에서는 주로 페팃의 세계화된 일국 공화주의와 듀드니의 연방-공화주의에 논의를 집중하고, 코스모폴리탄 공화주의는 자세히 언급하지 않았으나 앞선 두 논의

39) 듀드니 역시 국가에 주목한다는 점에서, 페팃에 대한 코스모폴리탄 공화주의의 비판은 듀드니에도 적용된다. 그러나 듀드니는 지정학적 변동이 다양한 공간 수준에서 정치 체제와 연계되는, 글로벌 공화주의의 지정학 이론을 구성하려 한다. 이 점에서는 페팃이 일국적 공화주의의 연결·연장으로 세계화된 주권 국가 간의 연합을 논의하는 것과는 다르다고 할 수 있다.

에 대한 코스모폴리탄 공화주의 비판이 어떤지는 짤막하게 서술한 바가 있다. 따라서 코스모폴리탄 공화주의도 어느 정도 논의된 것으로 볼 수도 있다. 〈표 1〉은 이제까지 논의한 글로벌 공화주의 담론을 비교 · 정리한 것이다. 페팃의 세계화된 일국 공화주의 논의는 국가의 자율성이 강조되는 바람에 글로벌하기보다는 국제적이라 볼 수 있으며, 코스모폴리탄 공화주의 논의가 가장 글로벌하다고 볼 수 있다. 듀드니의 연방-공화주의는 소규모 지역 간 공화적인 질서가 어떻게 글로벌 세계로 확장될 수 있는지를 탐구하고 있다.

이러한 측면에서 〈표 1〉은 글로벌 차원에서 공화주의 논의가 어떻게 다양하게 펼쳐지는지를 보여 주고 있다. 이를 요약하면, 페팃의 세계화된 일국 공화주의 논의는 국가의 자율성을 기반으로 초국적 기구와 국가 연합을 보완적인 것으로 상정하고, 경제적 불평등과 정치적 불균형을 해소하는 것을 강조한다. 듀드니의 연방-공화주의 논의는 평화와 안전 보장을 항구화하는 지역과 국가 간 대칭적인 상호 구속으로서 연방적 질서 구축의 적실성을 드러내며, 코스모폴리탄 공화주의는 글로벌 시민권과 비인격화된 구조적인 개인의 비지배를 들추어 내고 있다.

글로벌 공화주의와 동아시아-태평양 네트워크

지정(경)학 변동과 기존 동아시아론의 한계

최근 미·중 간 패권 경쟁, 러시아-우크라이나 전쟁, 중동 전쟁 등으로 기존 지정(경)학적 질서가 흔들리는 상황이 전개되고 있다. 이러한 카오스적 상황에서 어떻게 글로벌 공화주의를 추구할 수 있을까.

페팃의 논의에 따르면, 외부 패권 국가의 자의적 간섭에 취약한 국가는 자국민에게 비지배 자유를 보장할 수 없다. 따라서 그 국가는 외부 패권 국가를 견제하는 세력 균형 전략을 통해 비지배 자유를 유지해야 한다는 것이다. 그런데 그것이 어떻게 현실적으로 가능한 대안이 될 수 있을지는 불확실하다. 페팃은 공화주의 국가 간 연합을 통한 다자주의 틀이 그 해결책이 될 수 있다고 한다. 그러나 이러한 다자주의가 세력 균형의 논리에 따라 비대칭적으로 구성되면 점증하는 대외 위협으로부터 자신을 보호하는 데 들어가는 역량 축적과 동원 비용이 너무나도 클 수밖에 없다.

듀드니는 커지는 외부 위협에 대해 상호적 다자주의 협력과 네트워크 효과를 이용하는 연방-공화주의 대안을 제안한다. 연방-공화주의 대안은 세계화된 주권 국가 간 느슨한 연합보다는 적실성이 높은 편이다. 그러나 연방-공화주의 사례로 언급되는 미합중국 연방, 유럽연합, NATO 등은 대서양 세계에 속해 있고, 이들은 동아시아, 한반도, 한국과는 상당히 다른 세계 체제의 환경 속에 있다.

동아시아의 경우 미국과의 비대칭적 양자 동맹에 기반을 둔 샌프란시스코 체제가 기본적인 골격을 이루고 있고, 이 체제 속에서 복잡다기하게 구성된 소다자주의(minilateralism)가 헝겊 조각(patchwork)처럼 겹쳐 있다. 그런데 미·중 패권 경쟁은 동아시아에서 다자간 네트워크를 양 진영의 세력 균형으로 전환하는 압력을 가하고 있다. 따라서 동아시아에서 기존의 소(小)다자주의 네트워크가 작동하지 않을 가능성이 높아지는 한편, 한국은 두 세력권 사이에서 양자택일을 요구받고 있다(차태서, 2020).

1990년대 이후 진전되어 온 대안적 동아시아론은 양면에서 위기에 봉착했다. 첫째는 시대적 흐름의 변화다. 미·중 패권 경쟁으로 동아시아 지역의 화해 분위기가 사라지고 기층에서는 혐오 감정이 증대되었다. 둘째는 중국 요인이다. 중국이 부상하는 중에 중국 지식 사회는 동아시아론을 외면했다. 거대한 중국이라는 변수가 등장하고 중국이 패권적 퇴행의 행태를 보이면서 동아시아 내부의 균열과 갈등은 심화했다.

동아시아론이 위기를 맞으면서 인도-태평양이 미국과 중국의 지정(경) 전략이 충돌하는 공간이 되었다. 미국은 '인도-태평양 이니셔티브'로 중국을 포위하려 하고, 중국은 인도양과 태평양을 양편에 거느리는 '일대일로'를 연결하려 한다. 미국이 채택한 인도-태평양 개념은 독일 전간기의 지정학자 카를 하우스호퍼(Karl Haushofer)가 창안한 반(反)서구적 지정학이 일본의 범아시아주의와 교토학파로 전해진 것이다. 중국의 일대일로는 태평양 중심의 근대를 초극하는 '문명 재창조의 기획'으로, 인도양과 태평양을 하나의 바다로 연결하려 하고 있다. 인도-태평양과 일대일로에는 문명 대결의 요소가 잠복해 있다(백지운, 2023, 66~67쪽).

미국 주도의 인도-태평양과 중국 주도의 일대일로 이외의 방안은 무엇이 있을까. 우리는 세계 체제 카오스의 파국을 피하기 위해서는 글로벌 공화주의에 입각한 동아시아-태평양 네트워크가 진전되어야 한다고 본다. 분단체제의 작동으로 남북 네트워크의 진전이 제약되는 조건에서 동아시아-태평양 네트워크가 돌파구가 될 수 있다. 동북아에서 동남아 · 태평양으로 연결되는 공간은 정치 · 군사적 이익보다는 경제적 이익의 비중이 높다. 동남아 · 태평양 국가와의 연결은 미국과 중국 시장에 편중된 동아시아 발전 모델을 개선하는 효과를 발휘할 수 있다(이일영, 2019, 120~125쪽).

비지배적 경제 안보와 네트워크형 국가 연합

미·중 패권 경쟁이 문명 충돌로 비화하면 카오스는 장기 지속의 체제가 될 수밖에 없다. 과거 동아시아론이 양자택일의 구도를 거절하고 새로운 중간 지대를 모색하려는 것이었다면, 이러한 문제의식은 여전히 유효하다고 할 수 있다. 글로벌 공화주의는 국가의 안전 보장과 국가 간 관계에서의 비지배 자유·평화를 확보하기 위한 이론적·정책적 자원을 제공할 수 있다. 강대국들 사이에 세력권 경쟁이 심화하면, 세계 체제의 카오스와 세력권 내 위계가 강화된다. 글로벌 공화주의 전략은 국가의 주권·자립성을 제고하면서 네트워크 지역 질서를 지향하도록 한다. 이로써 동아시아는 양 세력권으로 분리·충돌하는 이분법 구도에서 네트워크형 중간 지대를 추가하는 삼분법 구도로 전환하는 계기를 마련한다.

경제 안보 전략은 양극화된 세력 균형의 위험을 중화하는 비지배적 방향으로 구성할 필요가 있다. 글로벌 차원에서 경제적 상호 의존성이 높아지면서 국가들은 '민감성(sensitivity)'과 '취약성(vulnerability)'을 고려해야 할 필요성이 커졌다. 특정 상품의 타국 의존도가 높더라도 대체재를 쉽게 조달할 수 있으면 민감도가 높고, 대체재를 조달하기 어려우면 경제의 취약성이 높다고 할 수 있다. 국가적 취약성을 극복하려면, 대외 의존도가 높은 일부 국가와 점차 거리를 유지하면서 다른 국가로 거래선을 다변화하거나, 자국 내에서 자립적 조달 방안을 마련해야 한다.[40] 또한, 다자간 협의나 숙의를 활용하는 것도 국가 간 비지배 관계에 이르는 수단이 될 수 있다(정준호, 2023).

이러한 글로벌 공화주의의 경제 안보 전략은 국민 국가의 정치·경제적 자립 가능성을 과장하고, 세계 경제와 패권 국가의 지배 효과를 과소평가한다는 비판을 받을 수도 있다. 그러나 한국처럼 대외 의존도가 높고 지정학 변동에 취약한 국가에는 대외 관계에서 자립적 국가를 지향하거나, 상호적 공동 구속을 통해 외부 위험을 관리하는 공화주의 지정(경) 전략은 중대한 의미를 지닐 수 있다.[41]

---

40) 국가는 '비교 우위'뿐만 아니라 '위험 관리'도 지향해야 한다. 국가는 위험 관리를 위해서 반도체, 식량, 에너지, 철강 등 자신의 경제적 자립에 필요한 자원을 확보하려는 경향이 있다.

41) 1960~1970년대의 민족 경제론이 수입 대체 공업화, 국민 국가 보호주의, 반제 민족주의 등과 관련된 대항 담론이었다. 민족 경제론을 글로벌 공화주의 맥락과 결합해 재구성한다면 자립적이면서도 상

동아시아에서의 네트워크 국가 연합은 전쟁을 억제하고 평화 체제 제도화의 계기를 마련할 수 있다. 동아시아에서의 세력권 경쟁, 북한의 핵무장화 등으로 한반도 전쟁 위험이 커지고 있다. 한반도에서 전면전을 예방하는 미래 시나리오는 네 가지 정도다. 첫째, 현상 유지 또는 국지전이 가능한 소극적 평화 시나리오다. 이는 미국과 한국은 북한을 핵 국가로 인정하지 않으며 적대적 무시를 지속하는 상태다. 둘째, 공포의 균형 시나리오다. 북한을 핵 국가로 인정하고 한국을 사실상 핵 국가화하는 것이다. 셋째, 불안정한 평화 시나리오다. 미국과 한국의 대북 관여 정책, 전면전을 예방하는 군사적 약속, 남북한 간 기능적 교류 협력이 시행된다. 넷째, 평화 체제의 시나리오인데, 이는 상호 인정과 평화의 제도화가 이루어진 상태다(김태경, 2024).

적대적 무시, 핵 대결, 대북 관여 모두 안보와 평화를 제도화하는 것이 아니기 때문에 전쟁 가능성을 내재하고 있다. 평화 체제의 시나리오만이 전쟁 가능성을 차단하는 규

호적인 '공화주의 민족법(republican law of peoples)' 및 '연방주의 연합(republican union)'의 보편적 대안 담론으로 발전시킬 수 있다고 본다.

범적 미래 시나리오라고 할 수 있다. 물론 평화 체제의 제도화는 현실에서 실현하기 매우 어려운 과제다. 이 때문에 현실주의와 이상주의(자유주의)를 넘어서고자 하는 공화주의 접근에서 시사점을 구할 수 있다.[42)]

특히 듀드니가 주장한 연방-공화주의를 기반으로 동아시아의 네트워크 국가 연합을 구성해 볼 수 있다. 듀드니는 다자간 네트워크와 하이브리드 공간 구성의 효과를 강조한 바 있다. 동아시아 일부에라도 세력권 경쟁 밖에서 글로벌 공화주의를 추구하는 네트워크 공간을 구성함으로써 외부 위협에 대처할 수 있다. 페팃의 비지배 자유 개념을 새로운 국제 질서에 확장해 사고하는 것도 의미가 있다. 세계 체제 속에서 광범위한 비지배 질서 영역을 찾아내기 위해 공적으로 반응하는 책임성 있는 국가를 만들어가고, 위계적이지 않은 비지배 방식으로 조직된 국제기구와 국가 연합 방안을 적극 활용해야 한다.

한국은 그간 미국과의 긴밀한 안보 동맹과 중국과 안정

---

42) 세계 체제론과 분단 체제론은 기본적으로 '체제' 인식을 위한 논의이므로, 구조적 제약을 강조하게 된다. 이에 비해 글로벌 공화주의는 규범, 신념, 아이디어, 정책 등을 통해 제도를 구성하려는 의지가 강하다. 공화주의 사상과 정책은 세계 체제·분단 체제의 전환 논리를 구축하는 데 활용될 수 있다.

적 관계를 유지하면서 경제적 상호 의존, 북핵 문제 관리, 역내 중진국으로서 지위 등을 추구해 왔다. 이제 동아시아와 한반도에는 두 가지 길이 있다. 하나는 양극화된 세력균형화 구도 속에서 남북한이 분열과 충돌의 길로 가는 길이다. 또 하나는 연방-공화주의의 네트워크 질서에 의한 비지배적 자유와 평화를 추구하는 길이다.

그러면 동아시아-태평양에서 연방-공화주의는 어떻게 실현될 수 있을까. 한편에서는 미·중 패권 경쟁이 격화되고 북의 핵 무장화가 진전되면서 동아시아에서 세력권의 분열이 불가피하고 소다자주의 네트워크는 작동하기 어렵다는 견해가 있다. 다른 한편에서는 네트워크의 쇠퇴·소멸과 함께 생성·성장이 교차하고 있다고 볼 수도 있다. 아세안 회원국은 미·중 간에 헤징 전략을 구사하며, 일본도 이면에서는 중·일 관계 개선을 도모한다. 미국의 동맹국이라고 해서 새로운 네트워크를 구축할 수 없는 것은 아니다. 미국이야말로 듀드니가 논의한 네트워크 국가이며, 미국의 역사적 경험은 '네트워크적 지역 질서 구축 전략의 궤적'을 그려 왔다. 이는 연방-공화주의 틀이 미국의 향후 국제질서 구축에 투영될 수 있다는 점을 시사한다(차태서, 2020, 19~21쪽).

한국에서도 네트워크 국가론이 완전히 생소한 것은 아

니다.[43] 한반도사회경제연구회(2012)는 2010년대 초 미 · 중 경쟁이 시작되는 시점에서 '한국형 네트워크 국가론'을 제기한 바 있다. 여기에서는 경제 · 국가를 재구성하는 데에 네트워크 조직 원리를 강화하는 것, 즉 네트워크 국가로의 전환을 기본 방향으로 삼았다. 국가 전환을 위한 정책적 지향성으로서 '공존 · 기회 · 혁신 · 분권 · 안전'이라는 다섯 가지 기본 가치를 추출하고 이들 가치에 연계되는 열다섯 가지의 정책 동력과 마흔다섯 가지 세부 정책 과제를 제시했다.

돌이켜 보면, 2012년의 '네트워크 국가' 개념은 세계 체제-분단 체제-국내 체제의 제약에 대한, 당시로서는 독창적인 제안이었다. 당시 제시된 대안 정책들을 보면, 공화주의 사상의 틀로 재정렬할 수 있는 여지가 크다. 예를 들면, 사회적 약자 통합과 대외적 공존 · 환대를 추구하는 '공존'의 가치, 개인 삶의 기초를 이루는 경제적 시민권을 확립하려는 '기회'의 가치, 정치적 · 공간적 균형과 시민 참여

---

43) 2012~2013년에 새로운 한반도 경제 체제 모델 요소로 네트워크 국가, 네트워크 경제, 네트워크 국토 공간 등의 개념이 논의된 바 있다(이일영, 2012a; 이일영, 2012b; 이일영, 2012c; 이일영, 2013). 네트워크 경제·국가론의 기본 골격은 『뉴노멀 시대의 한반도 경제』의 제10장 제6절에 집약되어 있다(이일영, 2019, 241~249쪽).

를 촉진하는 '분권'의 가치 등은 비지배 자유, 혼합적 균형, 시민적 덕성 등 공화주의의 가치와 부합된다.

그러나 그때는 미 · 중 갈등, 세계 금융 위기 등 미국 헤게모니의 약화가 글로벌화의 역전으로까지 진전될 것으로 예상하지는 못했다. 특히 한반도 안전과 관련해서는 포용 정책, 평화 체제 구축, 균형 외교 등의 과제와 현실의 분단 체제 조건과 충돌한다는 점을 과소평가한 측면이 있다.

남북 국가 연합과 한국-동남아 국가 연합

최근 한반도에서는 분단 국가주의가 강화되고 있다. 박근혜 정부와 문재인 정부의 한반도 평화 프로세스는 모두 실패로 돌아갔고,[44] 윤석열 정부는 한 · 미 · 일 군사 협력과 적대적 통일 정책을 천명했다. 한편, 북한에서는 8차 당대회(2021), "적대적 두 국가" 선언(2023. 12) 등을 통해 통일을 포기하자는 언급을 분명히 했다.

남북한 '두 국가'론이 새삼스러운 것은 아니다. 1989년 노태우 정부가 제시한 '한민족 공동체 통일 방안'에서는 평

---

44) 박근혜 정부는 중국을 통해 북한의 비핵화를 유도하려는 것이었으나 실패했다. 이후 한·미·일 군사 협력 구도로 돌아가면서 중국의 강력한 반발에 부딪혔다.

화 공존, 남북한 국가 연합, 완전 통일의 세 단계를 설정했다. 1992년의 남북기본합의서에서는 남북한의 유엔 동시 가입으로 국제 사회에서 두 국가로 인정받은 데 대해, 남북이 두 국가이지만 통일을 지향하는 특수 관계임을 천명했다. 2000년의 6·15 선언 제2항에서는 통일을 지향하는 과정에서 남측의 연합제 안과 북측의 낮은 단계의 연방제 안이 서로 공통성이 있다는 점을 인정했다. 최근 북한의 새로운 입장은 두 국가의 적대성을 강화하는 것이다(백낙청, 2024, 279~280쪽).

북한의 두 국가론과 관련해, 이동기(2024)는 이를 수용하고 활용하자고 주장한다. 남북 간의 적대성과 소통 불능 상태에서 벗어나기 위해 현행 헌법의 영토 조항을 수정하고 연방주의를 핵심 원리로 하는 '한국-조선 국가 연합'에 대해 새로운 논의를 하자는 것이다.[45] 그런데 최근 북한의

---

45) 한편, 이동기(2024)는 과거 서독의 양면 전략을 참고하자고 주장했다. 1969~1971년 동독이 '두 민족 두 국가'론을 제기하는 국면에서 서독은 명목상 '통일' 담론을 유지하되, 통일 논의를 유보하는 현실적 조응을 결합했다는 것이다. 또한 그는 연방주의(회원국의 자율성과 국가성 승인)를 핵심 원리로 하는 '한국-조선 국가 연합'을 새로이 논의하자고 주장한다. 그런데 동·서독에 비해 남·북한 분단은 체제적 성격이 강하다. 이미 남북기본합의서나 6·15선언에서 남북한은

두 국가론의 문제는, 그간의 남북한 간 합의를 무효화하고 무력에 의한 국토 평정을 추진할 수 있다는 것이다. 북한의 두 국가론과 남한의 자유 통일론은 모두 분단 체제의 적대성을 강화하고 있다. 영토 조항에 대한 헌법 개정 논의는 남남 갈등을 격화하고 남북 연합에 대한 논의는 더 후퇴시킬 수도 있다.

분단 체제 속에서 구조화된 남남 및 남북 적대성을 해소하기 위해서는 실질적인 글로벌 공화주의 질서를 구축하는 방안이 필요하다. 현재와 같은 동아시아의 세력 균형 구도에서는 비지배적 관계로서의 남북 국가 연합 논의가 진전되기 어렵다. 남북 국가 연합을 위해서는, 한편으로는 국내에서 공화주의적 관계와 시민적 덕성이 진전되어야 하고, 또 한편에서는 글로벌 차원에서의 네트워크형 국가 연합의 경험이 축적될 필요가 있다.[46]

평화적 상태에서 남북 연합을 거쳐 통일을 지향한다는 것을 합의한 바 있지만, 분단 체제의 강고한 구조는 이러한 합의를 역전·후퇴시키고 있다.

46) 국가 연합 네트워크를 구축하는 연방-공화주의 전략에는 로마 제국이 '아우구스투스의 문턱'을 넘게 한 리더십을 참고할 필요가 있다. '프린켑스'라는 칭호를 선호한 아우구스투스는 카이사르의 성급한 개혁과 갑작스러운 죽음을 반면교사로 삼았다. 그는 "달팽이 걸음

듀드니가 논의하는 공화주의적 다자주의 협력을 어디서부터 시작하면 좋을까. 미국과 중국을 중심으로 한 위계 질서 사이에서 글로벌 공화주의의 중간 지대를 만들 수 있는 후보는 누구인가. 러시아는 러시아-우크라이나 전쟁 이후 미국 · 서유럽과 적대 관계에 들어갔다. 인도는 자신의 규모와 정치 · 군사적 지위 때문에 스스로 네트워크의 중심에 서려는 전략을 추구할 가능성이 있다. 동남아 국가와 호주는 미국과 중국 모두에 연결 고리를 가지고 있으면서 중간적인 규모 · 위치의 조건을 지니고 있다. 호주는 미국의 핵심 동맹국이면서, 인도-태평양의 주요 파트너 국가로 일본 · 인도네시아 · 인도 · 한국을 염두에 두고 있다(이일영, 2019, 121쪽, 124쪽).

미 · 중 갈등에 대비하는 차원에서, 글로벌 기업은 '차이나 플러스 원' 전략을 논의해 왔다. 중국 시장 축소에 대응하기 위한 대체 시장으로 중남미, 베트남, 말레이시아, 인도네시아, 싱가포르 등이 많이 논의되고 있다. 우리는 한국-동남아 국가 연합을 네트워크형 중간 지대를 형성하는 핵심 전략으로 논의해 볼 만하다고 본다.[47] 한반도와

으로 나아가는 개혁가"로서 로마의 공화주의 전통을 존중하면서 제국 시스템을 구축했다.

연결한 중간 지대를 만든다는 관점에서 보면, 중남미는 멀고 베트남은 중국에 지리적으로 가깝다. 말레이시아와 싱가포르는 서방에 가깝게 보이는데, 이에 비해 인도네시아는 태평양으로 넓게 열려 있는 편이다.

향후 동남아 국가들 중에서는 인도네시아의 중요성이 증대할 것으로 보인다. 인도네시아는 인구 및 자원 대국이다. 인도네시아 인구는 2022년 현재 2억7550만 명으로 세계 4위이며, 동남아 최대 산유국이자 방대한 광물 자원 보유국이다. 골드만삭스는 2023년 8월 보고서에서 2050년 이후의 세계 15대 경제 대국을 전망한 바 있는데, 인도네시아는 확고한 4위권에 들어가 있다.[48] 인도네시아는 문명의 중간 지대로서의 이점도 지니고 있다. 인도네시아는

---

47) 이일영은 문재인 정부의 평화 경제론에 대한 대안으로 한국-베트남-북한 간 삼각 협력 방안을 논의한 바 있다(이일영, 2020). 그러나 현시점에서는 베트남이 중국의 우회 수출 통로가 될 수 있다는 점에 대한 견제가 강화되고 있고, 북한도 삼각 협력 구도 형성에 응할 가능성이 작다.

48) 골드만삭스 보고서의 핵심적 요지는 중국, 미국, 인도가 3대 경제 대국이 될 것이라는 점, 신흥국 성장률이 선진국 성장률을 계속 앞지를 것이라는 점이다(향후 10년간 3.8% 대 1.8%). 2050년 세계 5대 경제 대국은 중국, 미국, 인도, 인도네시아, 독일이며, 2075년에는 독일 대신 나이지리아가 5위를 차지한다고 본다.

세계 최대의 이슬람 국가이지만 여섯 개 종교가 국교로 인정되고 공존하고 있다.[49)]

듀드니는 연방-공화주의의 전형적 사례로 미합중국, EU, NATO 등을 거론한 바 있다. 북한의 핵 무장화는 한미 동맹과 맞물려 있어서 남북 간 관계만으로 해결하기는 어려운 문제다. 6자 회담이라는 다자적 틀을 통한 평화 프로세스도 성공하지 못했다. 동아시아에서의 연방-공화주의가 진전될 수 있다면, 국가 간 양자 관계가 헝겊 조각처럼 쌓이면서 네트워크를 확산하는 방식이 될 가능성이 높다. 한국-동남아 연합은 동아시아-태평양 연합의 촉매제가 될 수 있다.[50)]

---

49) 인도네시아의 제3세계 운동 경험은 글로벌 공화주의 리더십의 한 요소다. 1955년 인도네시아에서 개최된 반둥 회의(Bandung Conference)에서는 동서 양 진영에 대한 중립, 각국의 주권 존중, 강대국의 식민주의 반대 등을 원칙으로 내세운 바 있다.

50) 동아시아의 네트워크형 연합에 북한-일본 관계 개선이 중대한 모멘트다. 한국은 동남아시아와의 연합을 통해 중간 지대 공간을 확보하면서 북일 수교와 병행하거나 후행해 남북 연합을 시도할 수 있다.

소결

글로벌 공화주의 담론은 일국 차원에서 글로벌 차원으로 확장된 공간과 지정(경)학적 조건 속에서 신공화주의의 비지배 자유 개념을 추구하고자 한다. 글로벌 공화주의 흐름은 세계화된 일국 공화주의, 국가 · 지역의 연방-공화주의, 코스모폴리탄 공화주의 등으로 나타난다. 이들 세 흐름은 지정(경)학의 맥락에 대한 평가와 대응에서 차이가 있다. 세계화된 일국 공화주의는 지리적 분리와 일국적 주권을, 연방-공화주의는 대공간의 연방 · 연합을, 코스모폴리탄 공화주의는 글로벌 차원의 개인의 비지배를 강조한다.

페팃이 주장하는 글로벌 공화주의는 세계화된 일국 공화주의라 할 수 있다. 페팃은 일국에서의 개인을 글로벌 공간에서의 민족으로 치환하고, 개인의 비지배 자유 비전을 세계화된 국가 주권의 비전으로 대체한다. 페팃이 시사하는 바는 세계화된 공화주의 국가의 연합이다. 효과성과 대표성이 높은 유형의 국가는 내부적으로 비지배 자유를 지향하며, 이들 국가로 이루어진 네트워크, 국제기구, 국가 연합 등은 비지배적 질서 구축에 기여한다고 본다.

듀드니는 네가키 원리와 복합적인 연방-공화주의로 구

성되는 세계 질서를 구상했다. 네가키는 네트워크에 입각한 조직 원리며, 듀드니는 무정부·위계·네가키의 세 가지 틀 속에서 공화주의 안전 보장론을 구성한다. 연방-공화주의는 일국의 비지배 자유를 대공간 규모에서 실현하기 위한 네가키로서의 국가 연합 또는 복합 공화국을 추구한다. 연방·연합 제도는 일국과 타국을 공동 구속하여 공화주의를 복제·확장할 수 있고, 이를 통해 변동하는 지정학적 위험에 대해 개인·국가의 안전 보장을 지속 가능케 한다는 것이다.

2010년대 이후 동아시아와 인도-태평양은 미국·중국의 지정(경)학적 갈등이 중첩하는 공간이 되었고, 북한의 핵 무장화 속에서 한반도를 둘러싼 적대는 지속되었다. 협력적인 동아시아 질서 구축을 지향하는 동아시아론이 위기에 처한 속에서, 글로벌 공화주의는 새로운 중간 지대를 모색하는 문제의식과 이론적 자원을 제공할 수 있다. 글로벌 공화주의 지정(경) 전략은 국가의 주권·자립성을 제고하면서 글로벌 위험을 관리하는 비지배적 경제 안보와 네트워크형 국가 연합의 방향성을 제시한다.

최근 제기된 북한의 두 국가론과 남한의 자유 통일론은 한반도 분단 체제의 적대성을 강화하고 있다. 그간의 남북 특수 관계론과 남북 연합론이 공격받는 조건에 대응해, 국내 및 글로벌 양면에서 공화주의 진전의 경험을 축적할 필요가 있다. 동아시아의 글로벌 공화주의를 실현하기 위해, 한국-동남아시아 국가 연합을 네트워크형 중간 지대를 형성하는 출발점으로 삼고, 여기에 남북 국가 연합 형성의 계기를 탐색 · 결합하는 전략을 제안해 본다.

이 장에서는 글로벌 공화주의를 실현하는 방안으로 연방-공화주의 논의에 주목했다. 연방-공화주의는 한편에서는 국가의 경계를 넘어선 비지배적 질서를 논의하지만, 다른 한편에서는 국가 내 지역들 사이에서의 지배 · 비지배 문제와도 관련이 있다. 연방-지역 공화주의에 관한 논의는 다음의 장에서 전개될 것이다. 중앙-지방의 공간적 관계, 이동성 · 균형 · 분권의 트릴레마, 비지배적 균형과 함께 경쟁 · 혁신을 격려하는 연방주의, 초광역권 연방제와 정부 · 의회 개혁, 연방주의 산업 · 재정 정책 등이 논의해야 할 내용이다. 연방주의의 새로운 유형으로 미국식 연방제와 좀 더 집중적인 독일 연방 사례를 혼합하는 한국식 방안을 탐구할 필요가 있다.[51)]

---

51) 잠정적인 생각은 다음과 같다. 경제적으로만 보면 수도권(서울-경기), 중부권(세종-대전-청주), 동남권(부산-울산-광양)의 3대 광역권은 생존 가능하지만, 대구권, 강원 내륙권, 전주권, 광주권, 동해

글로벌 공화주의의 문제의식을 통해 토착 진보 담론을 재해석하는 것도 남겨진 과제다. 이와 관련해 우리의 생각은 다음과 같다. 리영희의 전환 시대론은 미국의 패권 약화, 중국의 대국화 의지가 갈등하는 가운데 네트워크형 중간 지대를 추구하는 공화주의적 전환의 논리로 발전할 수 있다.[52] 박현채의 민족 경제론은 자립성과 상호 의존성을 결합한 경제 안보를 추구하는 연방-공화주의 대안으로 전환할 수 있다. 백낙청의 분단 체제론에 공화주의를 결합한다면, 체제적 · 구조적 제약과 함께 그 전환을 구성하는 요소 · 원리를 함께 인식할 수 있다고 본다.

권, 제주권 등 6대 소지역권은 생존이 어렵다. 연방-지역 공화주의에 입각한 제도적 '빅 푸시'가 급박히 필요한 시점이다. 현재 정치 상황에서 양원제 도입은 현실성이 약하므로 국회 내에 일정 비율을 광역권 의원 몫으로 할당·증원하는 방안부터 추진하는 것이 좋다고 본다. 정부에는 부총리급 초광역권 경제부를 신설해 산업 정책·국토 정책을 맡기고, 재정적 뒷받침을 위해서는 공동세 방안을 추진한다.

52) 백승욱(2024. 10. 2)은 리영희를 '공학도적 엄밀성을 갖춘 전투적 자유주의자'로 기억할 것을 제안한다. 백지운(2024)은 냉전적 이분법에 귀속되기를 거부하는 중간 지대론을 높이 평가했다. 우리는 정치·경제 제도와 사상의 중간 지대를 추구하는 글로벌 공화주의의 흐름에서 전환 시대를 재해석하는 길을 생각해 본다.

참고문헌

김경일(1998). 동아시아와 세계체제 이론. 『한국학』, 21권 1호, 27～45.

김보협(2024). '제7공화국'을 향한 조국혁신당의 제언. 『창작과비평』, 205호, 42～55.

김태경(2004). 한반도 평화 미래대화: 규범미래 인과지도. 국회미래연구원 전문가 한반도 미래대화, 2024. 8. 19～8. 20.

민병덕(2024). 2기 촛불정부로 가는 길. 『창작과비평』, 205호, 29～41.

백낙청(2024). 한반도 정세의 새 국면과 분단체제. 『창작과비평』 205호, 264～283.

백승욱(2004. 10. 2). 리영희를 위해 리영희에 반(反)해 '공학도적 엄밀성을 갖춘 전투적 자유주의자 리영희'를 소환한다. 리영희재단.
https://rheeyeunghui.or.kr/?mod=document&uid=826&page_id=88

백지운(2023). 미중 패권경쟁 시대, 다시 돌아보는 동아시아론. 『창작과비평』, 201호, 57～79.

이동기(2024). 북한에서 1971년 동독의 냄새가 나는가?: 통일 포기와 대응 방안. 197회 세교포럼(2024. 6. 21), 세교연구소.

이일영(2012a). '한반도경제'의 과제와 전략: 네트워크 경제 모델의 제안. 『동향과 전망』, 84호, 160～192.

이일영(2012b). 87년 체제와 네트워크 국가: 경제민주화의 발전경제학, 『동향과 전망』, 86호, 44～77.

이일영(2012c). 2013년 이후의 '한반도경제': 네트워크 모델의 제안.

『창작과비평』, 155호, 15~31.

이일영(2019). 『뉴노멀 시대의 한반도 경제』. 파주: 창비.

이일영(2020). 평화경제론 재검토: 한반도경제론의 관점에서. 『동향과 전망』, 108호, 177~206.

이일영(2023). 공화주의적 커먼즈의 이론과 정책에 관한 시론적 탐색. 『동향과 전망』, 117호, 172~206.

이일영(2024). 세계체제 카오스와 한반도경제. 『창작과비평』, 203호, 43~55.

이일영 · 김석현 · 장기복(2013). '네트워크 국토공간'의 비전과 정책. 『동향과 전망』, 88호, 7~47.

정준호(2023). 경제안보(지정학 · 지경학 · 에너지위기). 『2023년도 사회과학분야 이슈 페이퍼』, 6호, 1~6.

정준호 · 이일영(2024), 공화주의적 대안 경제의 모색: '비지배 자유'의 경제 체제. 『동향과 전망』, 121호, 9~44.

정준호 · 이일영(2023). 한국형 성장 체제의 전개와 위기: '비공유적 저성장' 모델로의 이행. 『동향과 전망』, 119호, 43~86.

차태서(2020). 아메리카 합중국과 동아시아 지역 아키텍처의 변환 네트워크 국가론의 시각. 『한국동북아논총』, 25권 2호, 5~26.

한반도사회경제연구회 편(2012). 『한국형 네트워크 국가의 비전과 과제』. 백산서당.

Beitz, C. R.(1979). *Political theory and international relations*. Princeton: Princeton University Press.

Coleman, M., Agnew, J., Murphy, A. B., Debrix, F., & Deudney, D.(2012). Reading Daniel Deudney's bounding power: Republican security theory from the polis to the global village. *Political Geography, 31*, 389~398.

Dagger, R.(2006). Neo-republicanism and the civic economy. *Politics, Philosophy, and Economics, 5*(2), 151~73.

Deudney, D.(2000). Geopolitics as theory: Historical security materialism. *European Journal of International Relations, 6*(1), 77~107.

Deudney, D.(2004). Publius before Kant: Federal-republican security and democratic peace. *European Journal of International Relations, 10*(3), 315~56.

Deudney, D. H.(2007). *Bounding power: Republican security theory from the polis to the global village*. Princeton: Princeton University Press.

Doyle, M.(1997). *Ways of war and peace*. New York: Norton.

Keohane, R.(2002). *Power and governance in a partially globalized world*. New York: Routledge.

Laborde, C.(2010). Republicanism and global justice: A sketch. *European Journal of Political Theory, 9*(1), 48~69.

Lovett, F., & Pettit, P.(2009). Neorepublicanism: A normative and institutional research program. *Annual Review of Political Science, 12*, 11~29.

Montesquieu, B.(1949). *Spirit of the laws*. New York: Hafner.

Onuf, N. (1998). *The republican legacy in international thought*. Cambridge: Cambridge University Press.

Pettit, P.(1997). *Republicanism: A theory of freedom and government*. Oxford: Oxford University Press.

Pettit, P.(2010). A republican law of peoples. *European Journal of Political Theory, 9*(1), 70~94.

Pettit, P.(2012). *On the people's terms: A republican theory and model of democracy*. Cambridge: Cambridge University Press.

Pettit, P.(2014). *Just freedom: A moral compass for a complex world*. New York: W. W. Norton & Company.

Rigstad, M.(2011). Republicanism and geopolitical domination. *Journal of Political Power, 4*(2), 279~300.

Schouten, P.(2013). Theory Talk #60: Daniel Deudney on Mixed Ontology, Planetary Geopolitics, and Republican Greenpeace. *Theory Talks*. Retrieved from https://www.files.ethz.ch/isn/173594/Theory%20Talk60_Deudney.pdf

Seeley, J. R.(1971). *The expansion of England*. Chicago: Chicago University Press.

Thomas, C. A.(2015). Globalising sovereignty?: Pettit's neo-republicanism, international law and international institutions. *The Cambridge Law Journal, 74*(3). 568~591.

Watkins, M. D.(2003). *First 90 days: Critical success strategies for new leaders at all levels*. Harvard Business School Press. 박상준(역)(2014). 『90일 안에 장악하라: 부임 3개월 안에 조직과 업무를 완벽히 장악하는 방법』. 동녘사이언스.

Wight, M.(1991). *International theory: The three traditions*. Leicester: Leicester University Press.

Wood, N.(2015). Republican international relations. *Kriterion Journal of Philosophy, 29*(1), 51~78.

04

공화주의적 지역 발전 모델의 모색

서론

윤석열 대통령의 2024년 12월 계엄 시도 이후 2025년 4월 탄핵에 이르기까지 광장과 정치권은 탄핵 찬성과 반대 진영으로 나뉘어 격하게 대립했다. 더불어민주당은 탄핵을 추진하는 한편으로, 이념적으로 '중도 보수'를 표방하면서 경제 정책 방향의 전환을 표방했다. 민주당은 중도 보수 포지션을 공개적으로 언급하기 전부터 이전의 기본 사회 공약 대신 감세와 경제 성장을 강조하기 시작했다.53)

53) 이재명 대표는 2022년 대선에서 기본소득, 기본 주택, 대학 무상 교육 등 기본 사회 5대 공약을 발표했고, 민주당 강령에 '모든 사람의 기본적인 삶을 보장하는 기본 사회 실현'을 반영한 바 있다. 한편, 이재명 대표는 2025년 2월 18일 "앞으로 민주당이 중도 보수 정권으로, 오른쪽을 맡아야 한다"라고 발언했다. 이에 앞서 2025년 1월 22일 당

그런데 중요한 문제는 정치권에서 성장 정책 또는 산업 정책을 논의할 때 공간적 요소를 배제하는 경향이 있다는 점이다. 민주당이 2022년 대선 이후 추진하고 있는 감세 정책은 수도권 지역에 더 유리하게 작용할 것이다. 그간 한국의 발전 모델은 수도권의 구상 기능과 비수도권의 실행 역량이 연합·결합된 제조업 체제를 기반으로 작동해 왔다. 최근 반도체 등 첨단 산업에 대한 정부 지원도 수도권 지역에 편중되어 지역 격차를 확대할 것이다. 또한, 감세와 수도권 규제 완화가 산업 지원 정책과 결합되면 수도권-비수도권 격차는 더욱 커질 것이다. 수도권으로의 요소 집중이 더 심화되면, 비수도권에 분포한 제조업 실행 기능이 붕괴될 수 있다.

현실에서 발전은 지역 문제와 분리되어 이루어지지 않는다. 개인과 국가가 그러한 것처럼, 지역도 발전의 단위로서 역할을 한다. 지역 발전이 자유로운 요소 이동을 통해 이루어지는 것만이 아니다. 또, 지역 발전은 이동성에 의한 성장은 물론 분권적 발전, 균형적 발전 등 다원적 목

최고위원회에서 "민생을 회복하기 위한 유일한 길은 새로운 성장의 길을 개척하는 것"이라고 언급한 바 있다(윤다빈·조응형, 2025. 1. 22).

표를 지니고 있다. 우리의 문제의식은 한국의 발전 모델에서 수도권으로의 요소 집중을 통한 지속 성장은 불가능하다는 것이다. 비수도권 지역의 비지배적 자유의 가능성이 완전히 차단되면, 정치적 공동체는 심각하게 분열·붕괴될 것이다.

이에 이 장에서는 정치·경제·사회의 기초를 이루는 지역 발전에 관한 공화주의적 모델을 논의하고자 한다. 2절에서는 지역 문제를 보는 신공화주의 담론의 여러 갈래를 검토한다. 3절에서는 신공화주의 담론에서 도출되는 지역 발전의 목표로서 지리적 이동성 또는 성장, 보충성 원리의 지역 분권, 지리적 분배 정의로서의 지역 간 균형 문제를 검토한다. 이들 목표의 조합에 따라 지역 발전의 다양한 모델을 구성할 수 있다. 4절에서는 한국의 공간 경제 특성을 감안한 지역 발전 모델을 논의한다. 비수도권의 대안적 지역 발전을 위해 '균형-분권' 모델로의 전환이라는 기본 방향을 제시하고, 그 전환 전략으로서 초광역 수준의 협력적 분권화, 핵심 제조업 생태계와 세미 커먼즈 형성 등을 논의한다.

지역 문제에 대한 신공화주의 담론

'비지배로서의 자유(freedom as non-domination)'를 핵심 키워드로 삼는 신공화주의 정치사상[54]은 개인이 누군가의 자의적 의지에 종속되지 않도록 자유를 보호해야 한다고 주장한다(Pettit, 1997). 이러한 비지배로서 자유 개념을 지역 차원에 적용하면, 외부 위협과 중앙 집권적 권력 횡포를 방지하기 위해 지역 간 상호 구속에 입각한 협력 시스템이 고안될 수 있다. 이는 외부 위협에 대응할 수 있을 만큼 충분한 규모를 확보하면서도 내부의 집권적 권력 발흥을 견제하는, 지역 간 대칭적인 상호 구속을 바탕으로 한 연방-공화주의 원리를 일컫는다(이일영 · 정준호, 2025; Deudney, 2007). 듀드니(Deudney, 2004)는 특히 미국의 연방-공화주의가 필라델피아 체제의 일환으로 탄생했으며, 그 속에 몽테스키외 사상의 통찰이 담겨 있다고 지적한다.

그러나 신공화주의 담론에서는 분권과 균형을 포함한

---

54) 이 장에서는 지면 문제로 신공화주의 사상 논의를 자세히 다루지 않는다. 이에 대해서는 정준호·이일영(2024)을 참조하는 것으로 대신한다.

지역 문제를 직접적으로 다루는 논의가 많지 않다.[55] 신공화주의는 권력 집중이 비지배로서의 자유를 위협하는 문제에 대해 강한 우려를 표하지만, 공간적 차원의 권력 집중과 분산에 대해서는 상대적으로 관심이 적다. 예를 들면, 페팃(Pettit, 2012, pp. 165~168)은 지리적 이탈(exit), 즉 이동성이 국가의 공적 지배를 제한하는 효과적인 수단이 될 수 없다고 본다. 지리적 이동성이 발생시키는 사회적 비용이 너무 커서 균형과 분권을 강화하는 데 결정적인 역할을 하지 못한다는 것이다.

한편, 상업적 공화주의는 자의적 권력을 제어하는 장치로서 시장 이탈 옵션을 강조한다. 이탈은 곧 지리적 이동의 자유를 포함하며(Taylor, 2017), 이는 티부 가설(Tiebout, 1956)과 맥을 같이한다. 이 논의는 개인이 '발로 하는 투표(voting with one's feet)', 즉 지리적 이동을 통해 선호를 반영하여 자원 배분의 할당적 효율성을 높인다는 것이다. 이 가설에 따르면, 분권과 개인의 지리적 이동성을 통해 지방 정부 간 경쟁이 이루어질 수 있으며, 그 결과

55) 예외적인 경우지만 신공화주의 관점의 지역 담론 논의로 공(Kong, 2015)을 참고할 수 있다. 신공화주의 경제 담론의 흐름은 정준호·이일영(2024)에서 개괄한 바 있다.

개인 선호에 따라 지방 정부를 선택하는 메커니즘이 형성된다. 이러한 경쟁은 지방 공무원의 자의적 지배를 제한하는 역할을 한다.

전술한 바와 같이, 상업적 공화주의 경제 모델에서는 핵심 키워드인 '이탈'과 '경쟁'을 적용해 자의적 지배를 견제한다. 즉, 행정 계층 구조에서 하위 행정 단위로 내려갈수록, 지방 정부는 '시민 소비자'를 확보하기 위해 경쟁하는 시장 내 기업과 유사한 성격을 갖는다(Dagger, 1997, p. 154). 이러한 이탈 옵션은 지역 토호에 의한 카르텔 효과를 완화하는 역할도 수행한다. 결국, 지리적 이탈은 시장과 유사한 메커니즘을 통해 중앙과 지방 정부를 규율하며, 자의적 권력을 억제한다. 예컨대, 지방 정부가 주민 이탈로 세수 감소를 경험하게 된다면, 주민 목소리는 더욱 힘을 얻고 지방 정부는 권력 남용을 제한하는 것이 자신 이익에 부합하게 된다.

다른 한편으로, 시민 공화주의자인 대거(Dagger, 1997)는 지리적 이동 옵션의 한계를 지적한다. 그는 지리적 이동성이 강화될수록 시민 이익과 아이디어를 지속적으로 추적하고 신뢰할 수 있는 환경이 위협받는다고 주장한다. 지리적 이동성은 자의적 권력을 견제하는 수단이 아니라, 오히려 그 반대의 결과를 초래할 수 있다. 시민 공화주의 입장에서 대거는 지리적 이동성이 시민을 자신이 속한 공동체로부터 분리하고 소외시키며, 단순한 '소비자'로 전락시킨다고 비판한다. 즉, 시민은 다양한 공공 서비스를 적정한 가격에 제공받기 위해 도시나 지역을 운영하는 비정치적 전문가에 의존하게 된다. 마치 옷을 사듯 도시나 지역을 선택하는 '시민 소비자'로 전락할 위험이 있다. 이에 대해, 대거는 공적 마인드를 지닌 시민이 거주하는 작고 안정적인 도시나 지역만이 공화주의적 자유를 유지할 수 있다고 강조한다.

주류 경제학 이론에 따르면, 지리적 이동성은 성장 지역으로의 자원 배분을 촉진함으로써 전체적으로 경제 성장의 과실을 높인다. 그러나 지역 간 이동이 자유롭지 않은 이도 존재한다. 숙련도가 높고 연령대가 낮은 고학력·청년층은 지리적 이동 옵션을 쉽게 활용할 수 있지만, 그 밖의 이들은 이를 행사하기가 어려울 수 있다. 즉, 숙련 수준과 연령에 따라 이동성이 제한되며, 이는 사회적 낙인 효과를 초래할 수 있다(정준호, 2021).

이처럼 지리적 이동성은 이중성을 지닌다. 어떤 상황에서는 시민의 목소리를 억누르고 '시민 소비자'를 양산하며, 제도적 실패를 초래할 수 있다. 반면, 다른 어떤 상황에서는 시민 목소리를 강화하고, 지역 토호의 영향력을 약화해 개혁을 촉진하는 역할을 하기도 한다. 결국, 지리적 이동성은 제도적 맥락에 따라 상반된 결과를 초래하는 '양날의 검'과 같은 특성이 있다. 이러한 지리적 이동성의 이중성을 극복하는 한 가지 방법은 국가 내에서 다양한 수준의 지역을 인정하는 것이다. 이는 다양한 공간 층위별로 이루어지는 다양한 인간 상호작용과 사회성을 고려하는 사회적 다원주의 개념과 맞닿아 있다. 이러한 원칙을 지역에 적용한 것이 바로 보충성(subsidiarity) 원리다(Cahill, 2017; Follesdal, 2025).

보충성 원리는 개인과 소단위 사회가 스스로 능력을 발휘하도록 자율성을 보장하는 원리다. 이는 지역 문제에서는 단순히 이동이 아닌 연결, 연계, 조정의 관점을 취하며, 다양한 수준의 지역 간 상호 공존과 견제 및 균형을 통해 지리적 일극 집중이 초래하는 권력 집중을 방지하는 데 초점을 둔다. 또한, 정책 입안과 시행에서 주민의 접근성을 고려하며, 하위 정부 단위에서 지역 특수성과 주민 다양성에 가장 잘 부합하는 방식으로 정책을 추진하고자 한다. 이와 같이 보충성 원리는 하위 지역의 다양성을 유지하는 방향으로 작동한다(Kong, 2015).

신공화주의는 일반적으로 중앙 정부의 일방적 지배를 제한하고자 하는데, 이를 위해 다양한 시각과 숙의를 강조한다(Pettit, 2012). 중앙과 지방 간, 다양한 지역 간에 공유된 시각이 부재할 때, 지방 정부나 특정 지역민의 이익이 침해될 위험이 있다. 이때 분권과 균형은 이익 침해 위험을 방지하기 위한 권력의 공간적 배분 방식이다. 여기서 '균형'은 주류 경제학에서 말하는 정태적 균형(equilibrium), 즉 하나의 상태로 수렴하는 개념이 아니라, 다양한 이해관계가 상호 견제하며 유지되는 동태적 균형(balance)이다. 예를 들면, 미국의 경우 50개 주(州) 간 경제적 격차가 크지만, 상원의원은 각 주의 경제 규모와 무관하게 동수를 배정받아 정치·입법권에서 지리적 견제 장치를 형성하고 있다.

분권은 중앙과 지방 간 수직적 권한 배분에 초점을 맞추지만, 균형은 복수 지역 간 정치·경제적 격차를 조정하는 수평적 관점에서 다뤄진다. 따라서 분권이 강화된다고 자동으로 지역 간 균형이 제고되는 것이 아니다. 예를 들면, 수도권 지자체는 분권 강화를 긍정적으로 평가하지만, 비수도권 지자체는 분권도 중요하지만 중앙 정부의 수도권과 비수도권 간 격차를 해소하는 역할을 더욱 우선시하는 경향이 있다.

신공화주의 입장에서 분권과 균형은 각각 중앙이 지방을, 혹은 특정 지역이 다른 지역을 일방적으로 지배하는 것을 통제하는 제도적 메커니즘으로 작동하는 것이다(Kong, 2015). 이를 통해 중앙의 일방적 결정과 특정 지역의 정파적 의지를 견제하고, 정치적 숙의를 촉진하며, 나아가 특정 지역에 편중된 일극 집중을 완화해 정치 · 경제적 지배 구조를 분산하는 역할을 한다.[56)]

신공화주의는 중앙 권한이 제한되지 않으면 해당 권한이 지방의 이해관계를 고려하지 않은 채 자의적으로 행사될 위험이 커질 수 있다고 경고한다(Kong, 2015). 이러한 중앙의 자의적 조치는 주민과 가장 가까운 정부로서 지방정부가 주민 요구에 효과적으로 대응할 수 있는 역량을 떨어뜨릴 수 있으며, 이는 보충성 원리에 반한다. 결과적으로, 지역 사회의 다양성을 보호할 수 있는 지방 정부의 역

---

56) 분권화의 한 형태인 연방제는 공적 권력이 특정 주체에 집중되는 것을 방지하면서, 동시에 개인에 대한 지배를 제한하는 공화주의적 해법이다. 이는 자유라는 공동의 대의를 위해 각 지역이 자발적으로 연합해 상호 이익을 도모하는 방식으로 구현될 수 있다. 이처럼 '다수로 이루어진 하나(E pluribus unum; out of many, one)'를 지향하는 공화주의적 지역은, 다양성을 지닌 자치 지역과 독립된 자유 시민으로 구성된다. 공화주의 원리가 실질적으로 구현된 이러한 지역은, 외부 간섭으로부터의 자유(소극적 자유)를 넘어 지배받지 않을 자유(비지배 자유), 권력 접근에서의 실질적 평등, 그리고 시민 덕성에 기반한 강한 자치를 통해 지역 발전을 실현할 수 있다.

할이 약화된다.

또한, 신공화주의에서는 지배란 국가가 시민의 공통된 이익을 정치적으로 공표하고 추구하지 못할 때 발생한다고 본다(Pettit, 2012). 이와 마찬가지로, 중앙이 지방 이익을 반영하지 못하는 것도 하나의 지배 형태로 볼 수 있다. 이는 중앙이 지방 시각을 공유하지 않아 발생할 수 있다. 공유된 시각이 부재하면 공통 이익을 추적하기 어려워지고, 특히 중앙과 지방 또는 복수의 지역 간 역량과 권한이 지나치게 비대칭적일 때 지배 문제가 발생할 수 있다. 이처럼 지역 간에 공유된 시각이 부족하면, 중앙은 특정 지역에 대한 사회적 이해 없이 차별적인 정책을 시행할 가능성이 커진다.

지역 문제의 '트릴레마'적 목표와 상이한 지역 발전 경로

세 가지 핵심 목표

앞서 논의한 대로 신공화주의에서 중요한 지역 발전 문제의 키워드는 항의와 성장과 연관된 지리적 이동성, 연계와 조정을 수반하는 보충성 원리에 기반한 분권, 그리고 지리적 분배 정의로서의 지역 간 균형이다. 이동성은 정치적으로는 해당 지역을 떠나는 방식으로 항의의 의사를 표현하는 수단이 될 수 있으며(Hirschman, 1970), 또한 경제학적으로는 자본과 노동과 같은 생산 요소의 공간적 이동성을 통해 지역의 발전 경로를 설명하는 개념으로 쓰인다(World Bank, 2009). 따라서 이동성은 지역 토호에 대한 견제와 정치적 의사 표시로서 항의를 의미하는 것을 넘어서서, 생산 요소의 지리적 배분과 개방적 연계라는 지역 발전의 중요한 요소로 작용한다는 점에서 성장과 긴밀한 연관이 있다.

그렇다면, 지역 문제에 대한 논의에서 세 가지 핵심 목표는 이동성, 분권, 그리고 균형으로 압축될 수 있다. 전술한 바와 같이, 분권은 보충성 원칙과 밀접한 관련이 있다. 보충성 원칙은 중앙이 특정 목표를 더 효율적이거나 효과적으로 달성할 수 없으면, 해당 권한을 지역에 이양해야 한다는 의미를 지닌다. 또한, 지방은 퇴출 가능성을 통해 중앙이 지방 이익을 고려하도록 압박할 수 있으며, 이를 통해 사실상 더 큰 권한을 확보할 수 있다(Follesdal, 2025). 따라서 분권과 보충성 원리는 상호 밀접한 관계에 있으며, 이들은 경우에 따라 신자유주의의 '국가 후퇴' 논리를 뒷받침할 수도 있다(Vischer, 2001).

이동성, 즉 퇴출 가능성은 중앙과 지방 간 견제와 균형을 유지하는 역할을 한다. 주류 경제학 논의에서는 생산 요소의 이동성을 통해 자원이 효율적으로 배분되며, 이 과정에서 지역 성장이 촉진된다고 본다. 성장은 지역민 후생 수준을 향상하고, 자기 계발을 위한 물적 조건을 제공하는 중요한 요소다. 그러나 이러한 성장은 지역 간 비대칭적인 생산 요소의 지리적 배치와 결합으로 특정 지역이 다른 지역보다 더 빠르게 성장하는 결과를 초래할 수 있다.

이처럼 지역 간 격차가 심화하면, 특정 지역이 다른 지역을 사실상 지배하게 될 가능성이 있다. 이는 신공화주의에서 강조하는 비지배로서의 자유 개념을 훼손할 뿐만 아니라, 상대적으로 덜 성장한 지역 주민에게 기회의 상실을 초래할 수 있다. 따라서 지역 간 균형은 단순한 경제적 문제가 아니라, 정치적 자유와 공정한 기회 보장 측면에서도 중요한 의미가 있다.

그런데, 지역 문제에 대한 논의에서 이동성, 균형, 그리고 분권이라는 세 가지 목표를 동시에 충족시키는 것은 현실적으로 쉽지 않다. 우리는 전술한 세 가지 목표가 구조적으로 모두 달성되기 어렵다는 점에 착안해, 이를 지역 문제의 트릴레마(trilemma)적 속성으로 규정한다(〈그림 1〉

〈그림 1〉 지역 문제에 대한 '트릴레마'적 목표

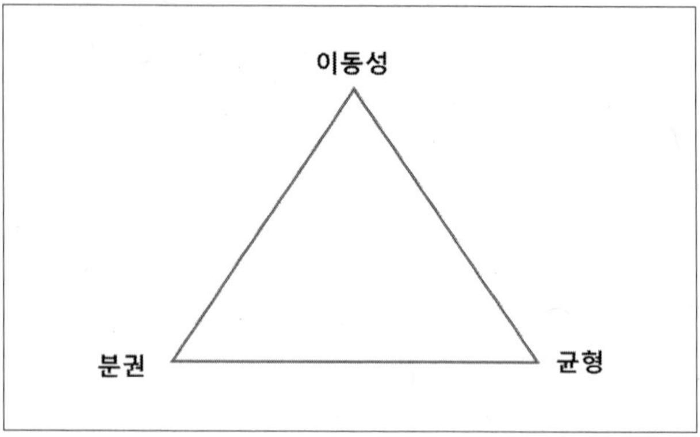

자료: 필자 작성.

참조). 이 세 가지 목표는 엄밀히 동등한 층위에 있는 것이 아니라는 점을 고려할 필요가 있다. 정책적 선택이나 제도적 설계에서 어느 목표를 우선 강조하느냐에 따라 세 가지 목표 간 조합이 달라질 수 있으며, 그 결과 지역의 발전 경로 또한 다르게 나타날 수 있다. 따라서 지역 정책은 이들 목표 사이에서 적절한 조화를 모색하는 과정이며, 특정 목표를 중점적으로 추구하면 다른 목표와 긴장을 어떻게 조정할 것인지에 대한 전략적 고려가 필수적이다.

이동성

앞서 언급한 바와 같이, 상업적 공화주의는 지역 단위에서 자의적인 권력 행사를 방지하는 방안으로 지리적 이동성을 강조한다(Taylor, 2017). 분권의 경제적 논리를 뒷받침하는 재정 연방주의 또한 지리적 이동성을 핵심 요소로 본다(Musgrave, 1959; Oates, 1972; Tiebout, 1956). 개인의 지리적 이동이 선호를 반영해 자원 배분의 할당적 효율성을 제고한다는 것이다. 다른 측면에서, 앞서 언급한 바와 같이, 이는 개방과 외부와 연계를 통해 지역 토호와 지방정부의 자의적인 조치에 대한 견제 수단이기도 하다.

신고전파 지역 발전 모형에서도 지리적 이동성이 옹호된다. 생산에서 규모의 수확 체감을 가정하는 신고전파 모형은, 자본과 노동과 같은 생산 요소의 지리적 이동이 지역 간 장기적 수렴을 유도하는 주요 과정이라고 설명한다. 성장 잠재력이 있는 저성장 지역으로의 자본 이동은 노동 이동을 수반하며, 결국 이 지역은 기존 성장 지역에 빠르게 수렴한다(Borts & Stein, 1964). 이러한 주류 경제학 논리에 기반해 글레이저와 고틀립(Glaeser & Gottlieb, 2008)은 성장 지역의 토지 이용 규제를 완화해, 성장 지역으로의 인적 자본 이동을 촉진하는 것이 바람직한 지역 정책이라고 주장한다. 세계은행(World Bank, 2009)도 생산 요소의 이동성과 집적 경제 구축을 통해 효율성을 증진하는 것이 지역 정책에서 우선 고려해야 할 요소라고 강조한다.

그러나 맥칸(McCann, 2023)이 지적하는 바와 같이, 생산 요소 이동성에 기반한 지역 간 수렴 모델은 OECD 국가 중 일부 국가에서 경험된 사례로 OECD 전체 인구의 4% 미만이 이에 해당된다. 특히 미국 사례에서 도출된 이러한 지역 간 수렴 메커니즘이 수십 년 전부터 미국 내에서조차 관찰되지 않고 있다(Muro, Maxim, Pipa, You, & Dougherty, 2021; Nunn, Parsons, & Shambaugh, 2018). 또한, 글로벌 금융 위기 이후 OECD 국가를 대상으로 인구 가중치를 적용해 분석하면, 전체 인구의 약 70%가 실질적으로 지역 간 격차의 영향을 받는 것으로 나타난다(OECD, 2023). 이러한 점에서 요소 이동성에 기반한 지역 발전 모형은 그 적실성이 떨어지고 있다.

노동의 지리적 이동은 오랫동안 낙후 · 저성장 지역 문제를 해결하는 방안으로 제시된 바 있다. 그러나 이러한 접근은 노동을 원자론적으로 취급하며(Agnew, 1984), 지역에 착근된 노동자의 누적된 가치관과 역사를 간과하는 문제를 내포한다(Clark, 1983). 노동의 지리적 이동이라는 해결책은 개인이 삶을 구축한 지역에서 거주할 수 있는 선택권을 박탈할 수 있다. 그런데, 이러한 노동의 지리적 이동은 숙련 수준에 따라 매우 선별적으로 이루어진다. 예를 들면, 미국에서는 노동 시장 활력이 높은 대도시로 대졸자 이상 고숙련 근로자가 집중적으로 이동한다(Ganong and Shoag, 2017). 또한, 어메니티 혜택이나 주거 비용을 고려하여 실질 임금을 극대화하려는 이동은 반드시 지역 간 실질 소득 수렴으로 이어지지는 않는다(Storper, 2018). 최근 미국에서는 고숙련 노동자는 성장 지역 간을 이동하지만, 저숙련 노동자는 저성장 지역에 머물게 되는 선별적인 이동성 경향이 강화되고 있다. 결국 일부 지역은 지속적으로 성장하지만, 다른 지역은 구조적으로 정체되는 공간적 덫(spatial trap)이 놓여 있다(Kaplan & Schulhofer-Wohl, 2017).

한편, 숙련 근로자에게 대도시는 단순한 일터가 아니라 다양한 경험을 쌓고 사회적 관계망을 확장할 수 있는 역동적인 환경이기도 하다. 고학력 청년층은 초기에는 실질 임금이 다소 낮아도 장기적으로 네트워크를 통한 학습 기회와 경력 발전의 가능성을 극대화하려고 대도시로 이동하는 것을 선호한다(DeLong, 2016). 또한, 대도시는 집적 경제의 이점을 누리며 산업 경쟁력을 강화한다. 첨단 기술 및 바이오산업과 같이 인적 자본의 중요성이 큰 부문에서 집적 효과가 더욱 두드러진다. 예를 들면, 미국 내 컴퓨터

과학, 반도체, 생물학 분야의 10대 클러스터에 해당 분야 발명가의 약 69%, 77%, 59%가 집중되어 있다(Moretti, 2021). 미국 바이오산업 클러스터는 보스턴, 샌프란시스코, 샌디에이고, 뉴저지, 롤리-더럼, 워싱턴 DC 지역 등 주요 대도시에 밀집되어 있다(Moretti, 2024). 그런데, 맥칸(McCann, 2023)은 대도시의 산업 집중이 필연적으로 경제적 효율성을 높이는 것이 아니라고 본다. 고비용과 혼잡 문제로 성장의 한계에 부딪힐 수 있다. 또한, 그는 일부 산업의 특정 지역 집적 현상이 효율성 향상과 직접적인 연관이 있기보다는, 현실적인 입지 대안이 부족한 구조적 한계를 반영하는 경우도 있을 수 있다고 본다(McCann, 2023).

요컨대, 주류 경제학 이론은 지리적 이동성이 생산 요소의 지리적 배분을 촉진하고, 이를 통해 장기적으로 지역 간 수렴이 이루어질 것으로 기대한다. 그러나 최근 연구들은 이러한 메커니즘이 숙련 수준에 따라 차별적으로 작동하고 있음을 지적하고 있으며, 그 결과 저숙련 노동자가 집중된 저활력 지역은 오히려 정책적 관심에서 배제되며 방치되고 있다. 이처럼 지역 간 장기 수렴 모델은 선별적인 요소 이동과 연관되면서 더는 유효하게 작동하지 않는다. 대도시 집적 경제는 오히려 지역 간 격차를 심화하며, 고학력 숙련 근로자의 임금 프리미엄으로 소득 격차가 커지고 있다. 특히 단핵 형태의 대도시 기반 집적 경제 모델만을 추종하면 다수 지역을 포함한 국가에서 균형 발전을 사실상 포기하는 것과 다름없고, 이는 결국 싱가포르처럼 도시 국가 모델을 지향하는 방향으로 이어질 수 있다.

물론 지리적 이동성을 전면적으로 부정해서는 안 된다. 앞서 언급했듯이, 이를 통한 외부와의 개방적 연계[57)]는 지역 내 기존 토호 세력에 대한 견제를 가능케 하며, 새로운 자원의 유입을 통해 혁신을 촉진함으로써 고착(lock-in) 상태에서 벗어날 수 있는 기반을 마련한다. 아울러 지역 내 이동성은 생산 요소의 공간적 재배치를 통해 지속적 성장 잠재력을 유지하는 데 기여한다. 이처럼 지리적 이동성은 고착을 해소하면서도 발전을 촉진하는 이중적 역할을 한다.

분권

분권은 중앙 정부가 일정 수준의 자율성을 갖춘 선출된 지방 정부에 권한과 책임을 이양하는 과정으로 정의된다

57) 서울대 김용창 교수는 이와 관련해 "폐쇄형 국민 국가·지역의 시대에서 다지역 거주(multi-local lifestyles)와 개방형 네트워크 및 흐름의 공간 시대"로 전환하는 현상이 나타나고 있다고 지적한다.

(OECD, 2019).[58] 이는 지방 정부 강화를 통해 공공 서비스의 효율성을 높이고, 정부 기관의 정당성과 책임성을 강화하며, 지역의 경제 발전과 정책 혁신을 촉진하는 다양한 목표를 추구한다(Tomaney, 2016). 지방 정부가 해당 지역 수요를 보다 정확히 파악할 수 있다는 점에서, 지방 분권(Tiebout, 1956), 장소 기반 정책(Barca, 2009), 그리고 EU의 스마트 전문화(Foray, 2015) 등처럼 지역 정책의 공통된 전제로 수용되고 있다.

분권이 극대화된 형태는 연방제로, 이는 자치 정부와 공유 정부가 결합된 권력 배분 체계를 헌법적으로 규정한 것이다(Elazar, 1987). 연방 정부는 지역의 자율성을 보장할 뿐만 아니라 권력 불균형을 시정할 의무도 지닌다. 신공화주의 관점에서는 지배 위험을 방지하기 위해 국가 권력의 가부장적 정당화 가능성을 경계하며, 지역 내 권력 불균형을 해소하고, 다원주의 세계관을 존중하고, 공간적 분배 정의와 같이 공유된 이해관계를 조정하는 역할을 강조한다(Follesdal, 2025). 이 논의는 미국식 연방제를 경험적 근거로 삼으며, 지역 자율성이 중앙 권력 남용으로부터 개

58) 이하 논의에서 분권 또는 분권화는 지방 분권과 동의어다.

인을 보호할 수 있다고 가정한다.[59)]

분권화의 경제적 논거로 재정 연방주의가 제시된다. 이에 따르면, 개인이 선호를 공유할 때는 지역 수준의 의사결정이 바람직하며, 반대로 자유 무역과 같은 공유재를 확보할 필요가 있을 때는 중앙 집권이 정당화된다(Oates, 1972, pp. 11~12). 이 논리는 개인 선호가 지리적으로 밀집되어 있다고 가정하며, 지역 수준에서 정책이 결정되면 개인 선호와 정책이 더 잘 일치할 가능성이 높다고 본다(Musgrave, 1959, pp. 179~180). 또한, 티부(Tiebout, 1956)는 이러한 선호 매칭을 통해 경제적 효율성이 향상될 것이라고 주장한 바 있다.

그러나 분권화가 반드시 효율성을 보장하는 것이 아니

---

59) 미국식 연방제가 반드시 개인 자유를 안정적으로 보장하는 것은 아니다. 미국 남부 주(州)들이 연방에 대한 거부권을 활용해 인종차별을 유지했던 역사적 경험(Riker, 1964), 트럼프 정부의 반(反)이민 정책 사례는 자의적 지배의 위험을 보여 준다. 이에 대해 밀(Mill, 1969)은 특정 지역 내에서 개인의 권리를 보호하기 위해서는 오히려 중앙의 지방에 대한 규제 필요성을 제기했다. 또한, 연방제는 지역 내 권력 부패를 간과하고 집단적 대응을 제한할 가능성이 있으며(Goodin, 1992, pp. 146~168), 과도한 지역 자율성이 공간적 분배 정의 또는 연대성을 충분히 고려하지 않는 결과를 초래할 수도 있다(Follesdal, 2025, p. 23).

다. 지방 정부는 중앙 정부의 재정 지원을 암묵적으로 기대하며 과도한 지출을 할 수 있다(Rodden, 2006). 또한, 재정 연방주의는 노예제나 식민주의를 옹호하는 논리에서 보는 것처럼 특정 선호 집단의 이해관계를 정당화하는 데 활용될 가능성이 있다. 개인 선호와 제도 간 상호작용, 과도한 분권화의 문제점을 명확히 지적하지 못하는 한계도 있다(Follesdal, 2025, pp. 28~29).

분권이 지역 간 균형 발전으로 이어질지에 대해서는 논의가 엇갈린다. 분권화를 지지하는 측에서는, 재정 분권을 통해 지역 주민 선호를 반영한 공공 서비스를 제공할 수 있다고 본다(Tiebout, 1956). 정책 경쟁을 촉진해 정책 혁신을 유도하고, 투명성을 높여 참여와 책임성을 강화하는 효과도 기대할 수 있다(Oates, 1996). 그러나 재정 분권이 오히려 지역 간 격차를 심화할 수 있다는 반론도 있다(Blöchliger, Bartolini, & Stossberg, 2016). 지역 엘리트가 지방 정부를 장악하면 부패가 심화하고 불평등이 더욱 악화할 위험이 있다(Bischoff & Krabel, 2017), 강력한 리더가 과도하고 자의적인 권한을 행사할 때 책임성 없는 정책 결정이 이루어질 가능성도 있다(Tomaney, 2016).[60]

---

60) 디트로이트의 경우 시장이 부패 혐의로 유죄 선고를 받고 2013년

재정 분권화가 균형 발전에 미치는 영향을 분석한 실증 연구는 긍정과 부정 효과를 모두 보여 준다. 일부에서는 재정 분권이 생산성과 인적 자본을 향상하고, 교육 성과를 개선해 성장을 촉진한다는 결과를 제시한다(Bartolini, Stossberg, & Blöchliger, 2016). OECD(2019)도 지방 분권이 지역 비교 우위를 활용하고 기술적 열위를 극복하는 데 기여한다고 보고한다. 반면, 지방 분권이 경제적으로 강한 지역 성장을 더욱 촉진해 격차를 심화하며(Tselios, Rodríguez-Pose, Pike, Tomaney, & Torrisi, 2012), 특정 지역에 유리하게 작용해 소외 집단이 배제될 위험이 있다는 비판도 있다(Fitzpatrick, Pawson, & Watts, 2020).

'역기능적' 분권은 지역 간 불균형 성장과 기회 양극화를 초래할 수 있으며, 이를 방지하기 위해서는 지방 정부의 질(quality)을 향상해야 한다는 논의가 있다(Lago-Peñas, Martinez-Vázquez, & Sacchi, 2020; OECD, 2019). 성장을 위해 물적 · 인적 자본과 기술 혁신이 중요하지만, 지속 가능한 성장을 위해서는 제도의 질 또한 결정적 요소로 작용하는 것이다(Rodríguez-Pose & Storper, 2006). OECD는 분권화된 국가에서 운영 효과를 제한할 수 있는 요인으로

에 파산을 신청한 바 있다.

정부 간 정보 비대칭성, 지방 정부의 역량 부족, 정책 파편화, 투명성과 책임성 결여 등을 지적하고, 이를 극복하기 위해 정보 공개 · 공유, 지방 정부 역량 강화, 재정 공유 메커니즘 구축, 거버넌스 체계 정비 및 시민 참여 보장 등의 조치를 제안한다(Charbit, 2011).

결론적으로, 분권화는 반드시 균형 발전을 보장하지 않으며, 지방 정부 역량과 제도적 질에 따라 그 효과가 달라질 수 있다. 또한, 중앙 정부의 통제 의도에 따라 분권화는 지역 발전뿐만 아니라 지역 간 균형 발전 경로에도 영향을 미칠 수 있다(Bentley, Pugalis, & Shutt, 2017; Warner, Newman, Diamond, & Richards, 2024). 특히 영국과 같은 비대칭적 분권화 사례에서는 지역 간 격차가 심화할 위험이 크다(Hoole, Collinson, & Newman, 2023). 따라서 분권화가 효과적으로 기능하기 위해서는 지방 정부의 질을 향상하고, 지역 간 협력을 강화하는 방향으로 정책이 설계될 필요가 있다.

균형

지역 간 균형은 복수 지역이 있는 국토 공간에서 분배적 정의와 연대성 논리에 기대며, 해당 주민이 공유하는 이해관계다. 모든 시민이나 주민은 자신이 거주하는 지역과 무관하게 역량을 계발할 수 있는 동등한 기회를 보장받아야 한다.[61] 신공화주의 논의는 비지배로서의 자유를 확보하는 것을 목표로 하면서도, 내부적으로는 중앙(또는 연방)의 권위적이고 자의적인 지배 가능성을 제어하려는 논의에 초점을 둔다.

주류 경제학에서는 대체로 장소 기반 정책이 경제적으로 순손실을 초래할 수 있다고 보고 균형 발전을 위한 정책 개입을 비효율적인 것으로 본다(Moretti, 2024). 그러나 2008년 글로벌 금융 위기 이후, 미국과 유럽에서는 소득과 자산 불평등 심화가 공간적 양극화로 이어졌다. 이는 다시 정치적 포퓰리즘(populism)과 연결되면서 민주적 질서를 위협하는 요인으로 부각되었다(Rodríguez-Pose, 2018). 특히, 개인이 어디에서 태어났는지가 향후 소득 수준을 결정하는 주요 요인으로 작용하는 상황에 이르렀다(Bosquet & Overman, 2019; Floerkemeier, Spatafora, & Venables, 2021).

61) 이와 관련해 김용창(2024)은 장소에 따른 차별 없이 보편적인 기본 서비스를 제공할 필요성을 강조하며, 이를 지역 또는 지리적 차원에서 실현하기 위한 전략으로 '장소 기반 보편적 기본 서비스 접근'에 기초한 기회 균등 국토 공간 전략을 제안한 바 있다.

이러한 배경 속에서, IMF 같은 국제기구조차 지역 간 격차를 분석하고 정책 대응 방안을 제시하는 보고서를 발표하고 있다(Floerkemeier et al., 2021; Gbohoui, Lam, & Lledo, 2019; IMF, 2019). 나아가, 지역 정책에 비판적이었던 하버드대학의 주류 경제학자들조차 장소 기반 정책을 조건부로 수용하고 있다(Austin, Glaeser, & Summers, 2018). 이는 지역 간 불평등이 단순한 경제적 문제를 넘어, 사회 · 정치적 안정성과 직결되는 핵심 이슈로 부상했음을 보여 준다(정준호, 2021).

지역 간 격차 심화는 사회 · 경제적으로 심각한 문제를 초래할 수 있다. 첫째, 형평성 문제가 있다. 지역 간 소득과 기회 불평등은 개인의 사회 · 경제적 이동성을 제한하는 주요 요인이 된다. 하버드대학의 기회 평등(equality of opportunity) 프로젝트 연구에 따르면, 샌프란시스코에서 성장한 아이는 디트로이트에서 성장한 아이보다 성인이 되어 경제적으로 상위 20%에 속할 가능성이 두 배나 높다(Floerkemeier et al., 2021). 이는 태어난 지역이 개인 소득 격차와 기회의 창을 결정하는 중요한 변수임을 시사한다(Bosquet & Overman, 2019).

둘째, 경제적 효율성이 저하될 가능성이 크다. 저성장 지역에서는 기회 부족으로 지역의 잠재력이 충분히 활용되지 못하며, 이는 국가 전체의 경제 성장을 저해하는 요인으로 작용할 수 있다(Floerkemeier et al., 2021). 이에 대응해 EU는 장소 기반 스마트 전문화 전략을 제시하며, 각 지역이 가진 고유한 역량을 발굴하고 발전시키는 데 역점을 두고 있다(Barca, McCann, & Rodríguez-Pose, 2012).

셋째, 사회적 긴장과 정치적 양극화를 일으킬 위험이 있다(Case & Deaton, 2020). 지역 간 불평등은 대도시 엘리트에 대한 불만을 증폭시키고 포퓰리즘 확산으로 이어질 수 있다(Wilkinson, 2019). 미국과 유럽에서는 지리적 불만(discontent)이 포퓰리즘을 지지하는 정치적 흐름과 결합하는 현상이 나타난 바가 있다(Kessler, 2018; Rodríguez-Pose, 2018). 예를 들면, 2016년 영국 브렉시트 국민투표, 2016년과 2024년 미국 대선, 2016년 오스트리아 대선, 2017년 프랑스 대선, 2017년 독일 총선 등에서 지역 간 불평등이 선거 결과에 큰 영향을 미친 것이다. 이러한 문제를 완화하기 위해 특히 EU를 중심으로 다양한 균형 정책, 즉 미활용된 자원 이용을 극대화하려는 맞춤형 장소 기반 정책이 도입되어 추진되고 있다.[62)]

---

62) 장소 기반 정책에 대해 주류 경제학자가 비판하는 논점은 다음과 같다. 첫째, 장소 기반 정책의 경제적 효과가 제한적이며 지속 가능하

EU의 장소 기반 정책은 주류 경제학자가 금과옥조로 여기는 지리적 이동성에 대해 비판적으로 문제를 제기한다(Barca, 2009). 이는 허쉬만(Hirschman, 1970)이 제시한 '이탈(exit)'보다는 '목소리(voice)' 전략과 연결된다. 즉, EU의 장소 기반 정책은 해당 지역에 머물면서 정치 활동, 자원봉사, 시민 사회 참여 등을 통해 해당 지역 문제를 해결하고 그 시스템을 개혁하려는 노력과 유사한 방식으로 전개된다. 모든 사람이 더 나은 기회를 찾아 다른 지역으로 이동할 수 있는 것이 아니며, 지역을 떠나지 않는 이에게는 부정적인 낙인 효과를 초래할 수 있다(정준호, 2021). 따라서 특정 지역에 머무르는 이들이 자신의 지역에서 미활용된 잠재력을 발휘할 수 있도록 돕는 정책이 필요하다는 것이다.

지 않다(Neumark & Simpson, 2015). 둘째, 한 지역의 경제적 이득이 다른 지역의 손실을 초래하는 '근린 궁핍화(beggar-thy-neighbor)' 정책으로 이어질 가능성이 있다(Ehrlich & Overman, 2020). 셋째, 지역별 선별적 지원이 수평적 차원의 형평성 문제를 초래할 수 있다(Gbohoui et al., 2019). 넷째, 생산 요소 이동을 왜곡하고, 지원의 경제적 편익이 부동산 비용으로 자본화될 위험이 있다(Austin et al., 2018). 즉, 특정 지역에 대한 집중 지원이 해당 지역의 부동산 가격 상승으로 이어지면 실질적인 성장보다 자산 가격 상승효과만 남을 수 있다(Moretti, 2024).

바르카(Barca, 2009)는 지역 거주민이 자신의 지역에서 그 잠재력을 최고로 발휘하도록 지원하는 것이 장소 기반 정책의 핵심이라고 강조한다. 이는 중앙 주도의 하향식 인프라 투자를 수반하는 기존 지역 정책이 지역 간 장기적 수렴을 유도할 수 있다고 보았던 관점과는 차별화된다(McCann, 2021). 즉, 하향식이 아니라, 지역 맞춤형으로 설계된 상향식 정책이 지역 간 균형을 촉진할 수 있다는 것이다. 그렇다고 이는 중앙 또는 다른 지역 간 연계를 부정하지 않으며, 지역 고착(lock-in)과 연고를 탈피하기 위해 이를 중시한다. 따라서 지리적 이동성 측면을 완전히 간과하는 것은 아니다.

한국, 프랑스, 영국처럼 중앙 집권적 구조가 강한 국가에서는 지역 간 균형 문제가 특히 심각하게 대두된다. 이는 국가를 하나의 단일한 구조로 사고하면서, 지역의 자율성을 충분히 고려하지 않는 경향과 깊이 연관된다. 중앙 집권적 국가에서는 지역 발전이 국가 전체의 발전에 종속되는 경향이 있다. 예를 들면, 한국의 '분공장 경제' 모델은 수도권은 구상 기능을 담당하고, 비수도권은 실행 기능을 수행하는 이중 구조로 되어 있다. 이러한 틀에서는 중앙과 지방 간 비대칭적 상호 구속만이 존재한다. 이러한 구조에서는 지역이 독립적인 경제·사회 주체로 인식되기보다는 국가 발전에 종속된 잔여적 개념으로 취급될 가능성이 크다(Follesdal, 2025).

지역 발전의 다양한 경로

현실에서 지역 발전의 경로는 다양한데, 이동성 · 분권 · 균형이라는 세 가지 목표가 여러 방식으로 결합될 수 있다. 이러한 조합을 통한 다양한 지역 발전 경로는 세 가지 목표 중 어느 하나를 배제하기보다는, 제도적 맥락과 정책적 우선순위에 따라 상이한 방식으로 조합될 수 있음을 보여 준다.

첫 번째 조합인 '이동성-분권' 모델은 재정 연방주의의 티부 가설(Tiebout, 1956)에 기반하며, 앞에서 논의한 대표적인 사례로 미국이 있다. 맥칸(2022)은 미국이 자본과 노동의 이동성을 활용한 지역 간 수렴 모델을 따르고 있다고 지적한다. 요소 이동성 기반의 대도시 중심 모델이 보편적 이념형으로 여겨지는 경향이 있지만, OECD(2011)는 이는 다양한 지역 발전 패턴 중 하나에 불과하다고 제시한다. 또한 테일러(Taylor, 2017)는 상업적 공화주의 논리를 지역에 적용하지만, 대거(1997)는 이에 대해 비판하며 로컬 수준에서 시민 자치의 중요성을 강조한다. 그러나 대거의 로컬주의적 관점은 공간 규모에 따른 사회적 관계의 차별성이 초래하는 지배 문제를 간과하고 지역 간 개방적인 연계가 중요하다는 논점을 놓치고 있다.

두 번째 조합인 '분권-균형' 모델은 공동세와 보조금을 활용해 주(州) 간 사회 · 경제적 격차를 완화하고, 사회 · 공간적 연대를 강화하는 독일 연방제에서 대표적으로 나타난다. 독일은 비대칭적인 권력 공유 체제를 갖고 있으며, 연방은 외교 · 국방을 독점적으로 담당하는 동시에 모든 주와 하위 지방 정부에 정책의 일반적 틀을 제시한다. 각 주와 지방 정부는 이 틀 안에서 자율적으로 정책을 시행한다. 국가 동질성과 생활 조건의 균질성을 보장하기 위해 다양한 형태의 수평적 정부 간 이전이 이뤄지며, 주 간 재정 평준화는 전국 평균의 95% 수준에서 조정된다. 하지만, 이에 대해 부유한 남부 주는 과도한 이전 부담에 반발하며, 지역 간 연대를 줄이고 주의 자율성을 확대하려는 '경쟁적 연방주의'를 주장하고 있다(Spahn & Werner, 2007). 이는 세계화와 EU 차원의 지역 간 경쟁 심화로 분권 원리인 보충성과 지역 간 균형 원리인 연대성 사이에 균열이 발생하고 있음을 보여 준다.

또한, 최근 EU가 추진하는 스마트 전문화를 통한 장소기반 정책도 이러한 지역발전 모형에 해당한다. 바르카(2009, 2011)는 이를 통해 토호 세력의 부패와 독점에 따른 지역 개발의 협소한 공동체주의 함정과 병폐를 비판한다. 이에 따라 긍정적인 외부 충격을 수용하기 위해 해당 지역이 중앙 또는 외부 지역과 협력적으로 연계 · 조정하는 파트너십을 형성하는 방향으로 전환할 필요가 있다고 주장한다. 그는 또한 지역 정책이 '사람 대 장소'라는 이분법적 접근이 아니라, 장소에 기반을 둔 사람을 중심으로 설계되어야 한다고 강조한다.

세 번째 조합인 '이동성-균형' 모델은 다소 모순적인 특성이 있다. 한국은 노무현 정부 이후 수도권 규제 완화 기조 속에서 지역 간 균형 발전을 동시에 추진해서 이 모델에 가깝다고 볼 수 있다. 영국과 프랑스처럼 중앙 집권적 구조가 강한 국가도 이 유형에 포함될 수 있다. 이들 국가는 균형 발전을 정책적으로 강조하지만, 실제로는 지역 간 격차가 크고 정치 · 경제적 자원이 수도권에 집중되는 경향이 강하다.

예를 들면, 한국은 전두환 정권 이후 수도권 규제를 지속적으로 시행해 왔다. 노무현 정부는 국가 균형 발전을 적극 추진하면서도, 국민경제 발전을 이유로 고부가가치 및 첨단 산업에만 수도권 입지를 선별적으로 허용했다. 대표적인 사례로는 경기도 파주에 들어선 LG의 LCD 공장이 있다. 이러한 선택적 규제 완화는 이명박 · 박근혜 정부에서도 계속되었고, 적용 범위가 확대되면서 상징적인 몇 가지를 제외하면 수도권 규제는 사실상 유명무실해졌다. 이처럼, 중앙 정부가 균형 발전 정책을 꾸준히 추진했음에도 불구하고, 수도권과 비수도권 간 경제적 격차는 오히려 계속 벌어졌다. 비수도권의 균형 발전을 위해 지역 혁신 체제와 산업 클러스터 구축 등 다양한 시도가 있었지만, 기대만큼 성과를 거두지 못했다. 반면, 국민 경제의 성장 동력을 확보하고 생산 요소의 이동성을 높이려는 전략의 시도는 수도권에 대한 지속적인 규제 완화의 요구로 이어졌고, 이는 결과적으로 지역 간 격차를 더욱 심화시키고 있다.

지역 발전 정책 조합에 따른 지역 발전 경로의 다양한 유형은 맥칸(2022, 2023)이 OECD 국가를 대상으로 진행한 지역 발전 패턴의 분석과도 맥을 같이한다. 그는 지역 발전 경로를 도시 기반과 비도시(중소도시 · 농촌) 기반 발전 패턴으로 구분하고, 공간 집중과 분산 패턴을 추가해 네 가지 유형을 도출한다. 이의 첫 번째 유형은 도시 기반과 공간 집중이 결합된 패턴이다. 한국, 프랑스, 그리스, 리투아니아, 아일랜드 등의 국가가 포함된다(OECD 국가 인구의 17%). 두 번째 유형은 도시 기반이지만 공간적으로 분산된 패턴이다. 미국, 에스토니아, 핀란드, 이탈리아, 호주, 뉴질랜드, 캐나다, 일본 등이 해당한다(OECD의 27%). 세 번째 유형은 비도시 기반이면서 공간적으로 집중된 패턴이다. 영국, 체코, 벨기에, 네덜란드, 슬로바키아, 스웨덴, 폴란드 등이 포함된다(OECD의 24%). 마지막으로 네 번째 유형은 비도시 기반이면서 공간적으로 분산된 패턴이다. 덴마크, 오스트리아, 노르웨이, 독일, 헝가리, 라트비아, 포르투갈, 슬로베니아, 스페인 등의 국가가 이에 속한다(OECD의 31%).

이러한 유형화 작업은 요소 이동성 중심의 대도시 발전 모델이 유일한 경로가 아님을 시사한다. 또한, 앞에서 논의된 이동성, 분권, 균형이라는 세 가지 목표를 동시에 달성하는 것이 현실적으로 쉽지 않다는 점을 함의한다. 따라서 어느 조합을 우선 선택하느냐에 따라 지역 발전의 경로가 크게 달라질 수 있다.

새로운 지역 발전 모델의 구상

추진 방향

한국의 공간 경제는 구상과 실행의 공간적 분업에 기반한 분공장 경제체제로, 수도권은 주로 구상(본사 기능과

R&D)을, 비수도권은 실행 기능(제조와 생산)을 담당한다. 이러한 숙련의 지역별 배분은 비대칭적인 권력 관계를 형성하면서도, 상호 보완적인 경제 구조를 이루어 왔다(정준호, 2021). 그 결과, 한국의 지역 간 경제 격차는 1인당 GRDP 기준으로 볼 때 다른 OECD 국가와 비교해 크지 않은 편이다(McCann, 2022). 그러나 이 같은 공간 경제 구조에서는, 숙련과 기술의 위계적 배치가 고착화할 가능성이 크다. 비수도권에서는 청년층이 선호하는 화이트칼라 직종의 일자리 증가를 기대하기 어려워진다. 수도권은 주요 의사 결정을 담당하는 경제 활동의 관제고지 역할을 하며, 이는 지역 간 숙련 불균형을 더욱 심화시킨다.

그런데 대기업 주도의 수출 지향적인 비수도권 분공장 경제는 한계를 드러내고 있다.[63] 중국과의 경쟁 심화와 한국 기업의 경쟁력 약화로 한국 경제를 지탱해 온 주요 제조

---

63) 비수도권 제조업 생산직 일자리의 임금 수준은 대체로 전문대졸을 상한으로 책정되는데, 전국적으로 이 일자리의 임금 격차가 그렇게 크지 않다. 2010년 중반 이후 비수도권 제조업 고용 비중이 줄면서 그 이전과 달리 비수도권 일자리의 임금 분위 분포가 U자 형태인 양극화 패턴으로 전환했다(정준호, 2024).

업의 경쟁력이 떨어지면서, 부가가치가 높은 신산업이 수도권에 집중되고 있다. 비수도권 분공장 경제의 약화를 분명하게 보여 주는 현상이 청년층의 수도권 유입 증가다. 특히 2010년대 중반 이후, 20~30대 청년층의 수도권 유입이 지속적으로 증가하고, 양질의 일자리 또한 수도권에 집중되고 있다. 비수도권에서는 제조업 일자리가 줄어들어 지역 간 노동 시장의 임금 격차가 더욱 심화되고 있다(정준호, 2024).

지역 문제는 저출산 · 고령화와 맞물려 중요한 사회적 이슈로 부각되고 있다. 기존 낙후 지역은 인구 절벽에 직면하고 있으며, 한때 성장했던 지역조차 미국 러스트벨트와 유사한 쇠퇴 위험에 놓여 있다. 반면, 수도권은 신산업 집적과 청년층 유입으로 더 과밀화되고 있다. 이러한 변화는 지역 간 소득 격차를 넘어, '일국 내 두 국민'의 출현을 경계하게 한다. 지역 간 불균형이 심화함에 따라 경제적 격차뿐만 아니라 사회적 · 정치적 붕괴 문제도 함께 고려해야 할 시점이다.

현 정부는 이러한 지역 문제에 대응하기 위해 기존의 '이동성-균형' 조합에서 벗어나, 미국과 유사한 '이동성-분권' 조합의 모델을 추진하는 것으로 보인다. 이는 수도권 경쟁력을 강화하는 한편, 일부 분권 조치를 통해 지역 문제를 지방 정부로 이전하려는 정책 기조로 해석될 수 있다. 예를 들면, 반도체 및 바이오 클러스터 육성, 수도권 대학 정원 확대, 서울의 메가시티 추진, 그리고 수도권 GTX 교통망 확충 등은 수도권 중심의 발전 전략을 반영하는 대표적인 정책 구상이다. 동시에, 지방 대학의 글로컬 대학 사업을 추진하며 지방 정부와의 연계를 강조하고, 일부 교육 관련 업무를 교육부에서 지방 정부로 이양하는 등의 조치를 통해 지역 문제 해결의 책임을 지방으로 넘기려는 움직임도 보인다.

이러한 정책 기조는 지역 문제의 주무 부처가 '국토부 → 산업부 → 행안부'로 이동한 흐름에서도 드러난다. 즉, 정부는 지역 간 경제력 격차 해소보다는 지방 자치, 교육·의료 문제, 그리고 인구 소멸 문제를 우선시하는 방향으로 정책을 조정하고 있으며, 그 과정에서 격차 해소의 부담이 점차 지방 정부로 전가되고 있다.

앞으로 일본, 영국, 프랑스처럼 저성장 기조를 이유로 수도권 규제 완화가 더욱 본격적으로 추진될 가능성이 크다. 이미 수도권 규제 완화는 사실상 유명무실해진 상태지만, 수도권 총량제 및 대학 정원의 규제 완화 등이 더욱 본격화될 경우, 비수도권의 강한 반발이 예상된다. 이러한 정책 방향은 결국 집적 경제를 극대화하려는 싱가포르식

도시 국가 발전 모델로 이어질 가능성이 크다. 이는 국토 공간 내 미활용 자산을 적극적으로 활용하려는 비수도권 발전 전략을 사실상 방치하는 결과로 이어질 수 있다.

대내적으로는 비수도권 제조업의 경쟁력이 약화되고, 대외적으로는 트럼프 미 행정부의 관세 전쟁으로 기존 글로벌 공급망이 흔들리면서, 한국 경제의 핵심 축이었던 수출 주도형 성장 모델이 위협받고 있다. 그러나 한국 경제의 강점은 여전히 제조업 역량에 있으며, 그 기반은 비수도권에 집중되어 있다. 이러한 상황에서 수도권에 대응할 수 있는 또 하나의 축을 형성하려면, 기존 비수도권의 산업 역량을 대대적으로 업그레이드하는 전략이 필요하다. 다만, 한국의 '이동성-균형' 모델을 미국식 '이동성-분권' 모델이나 독일식 '분권-균형' 모델로 재빠르게 전환하기는 현실적으로 어렵다. 영국이나 프랑스의 사례에서도 볼 수 있듯이, 분권과 균형 정책은 중앙 정부 주도로 추진되고 있으며, 제도적 경로 의존성을 단박에 극복하기는 쉽지 않은 것이 현실이다.

이러한 맥락에서 기존 지역 발전 모델은 중앙과 지방 간 협력적 분권화를 접목한 방향으로 전환될 필요가 있다. 이는 기존의 물적 · 제도적 경로의존성을 전면 부정하기보다는 어느 정도 수긍할 수밖에 없는 현실을 인정하는 가운데, 중앙 정부의 적극적 개입과 이와 지방 정부 간 협력을 통해 비수도권에 초광역 기반 복수의 성장 거점을 육성하고, 국가 전체적으로 질적 경쟁력을 제고하는 것이다. 이러한 전략 아래 다양한 지역의 고유한 존재를 전제로, 각 지역의 특성과 여건에 부합하는 장소 기반 보편적 기본 서비스가 제공되어야 한다(김용창, 2024).

이 구상은 균형 발전의 단위를 일차적으로 초광역 수준으로 설정하고,[64] 그 아래 각기 다른 공간적 수준 간 유기적 연계를 도모하는 구조를 갖는다. 특히 초광역 차원에서 경제적 격차를 해소하고, 고부가가치 제조업 및 지식 기반 서비스업의 성장 잠재력을 확충하기 위해서는 비수도권 거점 지역에 대한 전략적 투자가 필수적이다. 나쁜 균형을 좋은 균형으로 전환한다는 의미를 갖는, 대규모 투자를 수

---

64) 이 장에서는 초광역 공간 수준에 대해 자세히 논의하지는 않지만, 기존 논의에 따르면 이는 복수의 광역 지자체를 포괄하는 규모를 의미한다. 그 범위를 일률적으로 규정하기는 어렵지만, 예를 들면 대구-경북 행정 통합, 부울경 메가시티, 기타 행정 통합 논의 등은 모두 초광역 수준의 공간 구성을 지향한 사례들이다. 비록 이러한 시도들은 이해관계 충돌로 실현되지 못했지만, 그 논의 자체가 초광역 개념을 설명하는 데 유용하다. 또한 5 + 2 초광역 경제권 구상 역시 그 대표적인 사례로 언급될 수 있으며, 여기서는 대략 이와 같은 공간 규모를 초광역 수준으로 상정하고 있다.

반하는 공간적 빅 푸시(big push) 전략을 도입해 특정 산업을 육성하는 방식이 효과적이다.[65] 예를 들면, 에너지 전환 시대를 대비한 신산업을 비수도권에 전략적으로 배치함으로써 해당 지역의 경제적 자립도를 높일 수 있다. 이러한 초광역 전략을 결절 지역 관점에서 추진함으로써 경제적 효과성을 극대화할 필요가 있다. 행정 구역 단위 발전이 아니라 각 지역의 기능적 연계를 고려한 공간 전략을 추진해야 한다.

수도권의 순재정 편익과 지역 간 격차를 줄이고, 연대 기반을 강화하기 위해 독일처럼 지역 간 공동세를 도입하는 방안도 고려할 수 있다. 또한, 중앙과 지방 간 목표를 조율하기 위해 국무회의처럼 '전략적 조정 회의'를 정례화하고, 이를 통해 중앙-지방 간 전략적 투자 배분을 조정하는 체계를 구축할 필요가 있다. 이러한 투자 배분은 포괄 보조금 형태로 지원함으로써 지방의 자율성을 보장하면서

---

65) 개발경제학에서 빅 푸시 전략은 대규모 자본 투입, 다수 산업의 동시 발전, 정부의 주도성 등을 요소로 한다. 우리가 주장하는 공간적 빅 푸시 전략은 공간적 집중에 의한 불균형과 성장 제약을 극복하기 위한 집중적 투자, 수도권 이외의 초광역권 발전, 중앙과 지방의 협력 등을 요소로 한다. 가령 비수도권 내 지역 거점을 연결하는 방사형·환상형 교통망 구축 등이 그 예가 될 수가 있다.

도 정책적 일관성을 유지할 수 있을 것이다.

동시에, 풀뿌리 대책, 즉 사회적 경제 활성화, 지역 공동체 자산 구축 등은 동네 또는 로컬 수준에서 병행되어야 한다. 이는 중앙 및 초광역 수준의 거시 전략과 지역 기반 미시 전략이 함께 작동하는 투 트랙(two-track) 전략을 의미한다. 이러한 접근 방식은 지역 간 연계와 협력을 강조하는 보충성 원리에 부합하며, 내수를 활성화하는 동시에 지역민의 정치적 학습의 장을 형성하는 과정이 될 수도 있다.

초광역 수준의 협력적 분권화를 통한 균형 발전

최근 지역 정책에서 지방 분권의 이점이 강조되지만, 동일 계층에서 지방 정부의 수가 지나치게 증가하면 행정적 파편화가 초래될 수 있다(Goodman, 2019). 행정 파편화는 집적 이익을 약화해 지역 발전의 동력을 떨어뜨리고, 지방 정부 간 정책 조정과 협력을 어렵게 한다. 즉, 지방 정부의 규모가 작아지고 수가 많아질수록 정책 효율성은 저하되고, 교통 인프라와 토지 이용 계획에도 부정적인 영향을 미쳐 지역 경쟁력을 떨어뜨리는 요인이 될 수 있다. 또한 행정 경계가 실제 경제 활동 범위와 일치하지 않을 경우, 거버넌스 실패 가능성은 더욱 높아진다. 예를 들면, 파편화된 거버넌스는 불필요한 관료주의를 양산해 행정 절차를 복잡하게 하고 사업 수행 속도를 느리게 해 성장에 부정적 영향을 미칠 수 있다(Ahrend, Farchy, Kaplanis, & Lembcke, 2014).

체셔와 고든(Cheshire & Gordon, 1996)은 행정 경계가 기능적 도시권과 불일치할 때 정책 효과가 제대로 내부화되지 않아 성장 촉진 정책이 실패할 위험을 지적했다. 반대로, 기능 지역이 소수 지방 정부로 구성될 때 정책 수행과 관련된 거래 비용이 줄고 정책 효과가 높아질 가능성이 크다고 보았다. 유사하게 체셔와 마그리니(Cheshire &Magrini, 2019)는 행정 단위가 경제적 기능 단위와 일치하는 도시권이 더 성공적임을 실증적으로 확인했다. 용, 츠벳코바, 렘키, 그리고 아렌트(Jong, Tsvetkova, Lembcke, & Ahrend, 2021)는 지방 정부가 지나치게 파편화되지 않고 행정의 질이 높을 때 지방 분권이 긍정적 효과를 낳는다고 분석했다. 아렌트, 파치, 카플라니스, 그리고 렘키(Ahrend, Farchy, Kaplanis, & Lembcke, 2014) 역시 지자체 수 증가가 경제 성과를 낮출 수 있으며, 지자체 수가 두 배 증가하면 생산성이 약 6% 감소한다고 보고했다.

한편, 행정 파편화는 지방 공공 시스템을 복잡하게 해 시민의 정책 이해와 정치적 참여를 떨어뜨릴 수 있다(Goodman, 2019). 이러한 문제를 방지하기 위해서는 분권화를 단순히 지방 정부의 수 증가로 접근하지 않고, 적정한 공간 규모에서 추진해 정책 효율성과 효과성을 동시에 확보해야 한다. 규모의 경제가 상실되거나 정책 효과가 분산될 위험은 공간 규모가 작을수록 더욱 두드러지기 때문이다. 따라서 지역 정책은 개별 행정 단위가 아니라 기능적 지역 단위(예: 통근권)를 기준으로 추진되어야 한다(Pope, Dalton, & Coggins, 2023). 이를 통해 정책 효과를 제대로 내부화하고, 협력과 조정 실패를 방지할 수 있다.

지방 정부의 규모가 작고 수가 많으면 자원 부족과 역량 한계로 독립적인 정책 실행이 어려워지고 중앙 정부에 대한 의존이 심화할 수 있다. 이는 중복 행정과 비효율적 지역 경쟁을 초래할 수도 있다. 또한 좁은 공간에서 추진된 정책 성과가 다른 지역으로 유출되는 '정책 누수' 현상도 발생할 수 있다. 특히 숙련 인력과 자본의 높은 이동성 때문에 좁은 공간 단위 정책은 효과성이 떨어질 수 있다(Pope, Dalton, & Coggins, 2023). 따라서 정책 추진 범위를 보다 넓은 초광역 단위로 설정하고, 협력적 분권 방식을 통해 인근 지방 정부 간 공동 정책 추진을 활성화할 필요가 있다.

앞서 언급했듯이, 초광역 수준에서 기존 광역 지자체들이 연합하거나 통합하고, 중앙 정부와의 협력을 통해 점진적으로 분권 역량을 강화해 나가는 방식은 균형 발전을 실현할 수 있는 하나의 가능성을 제시한다. 이는 영국처럼 중앙과 지방 간 개별적인 거래 방식에 따른 비대칭적 분권화를 방지하고, 중복 행정을 줄이며, 정책 혁신을 유도해 지역 간 효율적 경쟁을 촉진할 수 있다. 특히 초광역 단위에서의 경쟁적 분권보다는 점차적인 협력적 분권을 통해 지역 정책의 혁신과 생산성 향상을 꾀하고, 궁극적으로 지속 가능한 발전을 위한 기반 마련에 기여할 수 있다 (Brueckner, 2006).

다른 한편으로, 중앙 정부가 제한적인 분권화를 추진하면 지방 정부의 중앙 정부 의존도가 더욱 강화되거나, 때에 따라서 부채 또는 지출 제한을 회피하는 방식으로 악용될 수도 있다(Faulk & Killian, 2017). 따라서 효율적인 분권화를 위해서는 단순히 지방 정부 수를 늘리는 방식이 아니라, 지방 정부가 충분한 자원과 권한을 확보하고 독립적으로 정책을 실행할 수 있는 구조를 마련하는 것이 중요하다.

결론적으로, 지방 분권이 효과적으로 기능하기 위해서는 행정적 파편화를 최소화하고 경제적 기능 단위에 적합한 공간적 규모에서의 협력적 분권과 거버넌스 구축이 필수적이다. 지방 정부는 개별적 · 독립적 접근보다 인접 지방 정부 및 중앙 정부와의 협력을 통해 자원과 역량을 공유하고 정책 효과를 극대화해야 한다. 이를 통해 지방 정부의 정책 역량과 질을 향상하고 비수도권이 수도권과 경쟁할 수 있는 경제적 기반을 갖추도록 지원함으로써 국가 차원의 균형 발전을 이룰 수 있다. 특히 기존 광역 지자체의 인위적 재편은 한계가 있는 만큼, 중앙의 역량을 지방의 역량 제고에 연계시키는 초광역 기반의 점진적 분권, 그리고 그에 기초한 균형 발전 정책의 전개가 적실성이 있는 것으로 보인다.

핵심 제조업 생태계와 세미 커먼즈 형성

핵심 제조업을 둘러싼 미 · 중 간 경쟁은 2010년대 이후 본격화되었다. 4차 산업 혁명 담론이 확산되던 시점에서는 디지털 혁명의 한계를 돌파하는 탈산업주의적인 내용이 강조되기도 했다. 그러나 2010년대 후반 이후 전개된 세계적 무역 · 기술 전쟁은 제조업을 자국 내에 확보하기 위한 보호주의 경쟁임이 분명해지고 있다.

중국은 2015년 '중국 제조 2025' 정책을 선포한 이후 대체로 그 목표를 달성한 것으로 평가된다.[66] 중국 제조업의

---

66) '중국 제조 2025'에서는 차세대 정보 기술 산업, 휴머노이드 로봇, 항공 우주 장비, 해양 공학 장비, 첨단 철도 운송 장비, 신에너지 차량, 전력 장비, 농업 기계·장비, 신소재, 바이오 의약품 및 고성능 의료 기

약진은 핵심 기업과 연구 · 개발(R&D)에 막대한 보조금을 투입한 결과다. 중국의 과학 기술 역량과 창업 생태계 형성은 미국 수준을 넘어선 것으로 보인다. 특히 핵심 산업에서 성과를 내는 데에는 지역 차원의 R&D와 제조업 생태계가 중요한 역할을 하고 있다.

중국은 R&D 투자를 통해 균형-분권의 지역 발전 모델 요소를 강화하고 있다. 과학 학술지 『네이처(Nature)』가 발표하는 과학 논문 성과 순위에서 중국은 2016년 베이징대(9위)만이 10위 안에 들었다. 그런데 2024년에는 중국 대학이 10위 안에 8개를 차지했고 지역적으로도 균형적인 분포를 보인다. 2~9위의 8개 대학은 2위 중국과학원대학(베이징), 3위 중국과기대(허페이), 4위 베이징대, 5위 난징대, 6위 저장대(항저우), 7위 칭화대(베이징), 8위 중산대(광저우), 9위 상하이교통대(상하이) 등이다. 미국은 1위 하버드대, 10위 MIT 등 2개 대학이 리스트에 올랐다(조성호, 2025. 3. 13).[67]

기 등 10개 산업을 중심으로 중국을 제조업 강국으로 만들겠다는 계획을 제시했다. 핵심 기술 부품 및 기초 소재의 국산화율을 2025년에 70%까지 달성하는 목표가 포함되었다. 중국은 미국의 제재에도 불구하고, 2024년 세계 시장 점유율이 전기차 67%, 태양광 패널 90%, 배터리 70%, 스마트폰 60% 이상을 차지했다.

미국은 중국의 제조업 발전을 기술 봉쇄를 통해 저지하는 한편 관세 장벽을 통해 우방국의 제조업을 자국 내로 끌어들이려는 전략을 쓰고 있다. 향후 제조업 경쟁 성과는 인공지능(AI)과 기존 제조업의 결합 모델을 어떻게 만들어 낼 것인가에 달려 있다. 현재 미국과 중국은 AI 분야에서 압도적 역량을 보이면서 패권을 다투고 있으며, 그 뒤에 한국, 일본, 독일 등 제조업 국가들이 좀 뒤처진 3위 그룹을 형성하고 있다.

미국은 AI 분야의 선두를 달리는 연구 기관과 빅테크 기업이 가장 영향력 있는 머신러닝 모델을 연속적으로 내놓고 있다. 중국은 얼굴 인식, 음성 인식, 스마트 시티 등 AI 기반 응용 서비스에서 강점이 있으며, AI를 정보 기술 및 제조업 분야와 결합할 수 있는 잠재력이 있다. AI 발전에서 가장 중요한 요소는 데이터인데, 한국은 미국과 중국의 데이터 보유량을 따라잡기 어렵다. 따라서 한국은 필수적으로 지켜 내야 할 제조업 역량과 연결되는 AI 생태계를

67) 호주전략정책연구소(ASPI)가 발표한 '20년 동안의 중요 기술 추적: 장기적 연구 투자의 보상'(2024)에 따르면, 중국은 현재 핵심 기술 64종 중 57분야에서 선두를 차지했다. 미국은 2000년대 중반 기술 64종 중 60분야에서 선두를 차지했으나 2024년에는 7분야로 줄어들었다.

구축하는 길을 찾아야 한다. 미국은 첨단 AI 기술이 앞서 가고 있지만, 조선업이나 방위 산업 등에서의 제조 역량이 부족하다. 한국은 중국과의 제조업 경쟁이 치열한 상태인데, 전방위적 경쟁은 어렵더라도 경제 안보 · 국가 안보 측면에서 필수적인 독자적 AI 결합 제조업 생태계를 구축해야 한다.

AI 분야 발전에서 미국은 거대한 자본 시장을 이용했다면, 중국은 국가의 직접적 지원과 개입이 중요한 역할을 했다. 한국은 AI와 제조업을 연결하는 지역 차원의 준(準)공유적 플랫폼이 중요한 역할을 하는 모델을 구축하는 것이 필요하다고 본다. 이러한 지역 발전 혁신 플랫폼은 일종의 세미 커먼즈(semi-commons), 즉 사적 재산권과 공유적 재산권이 혼합된 자원이라고 볼 수 있다.[68]

정부, 기업, 대학, 개별 연구자들이 참여하는 지역 발전 모델에는 초광역권 거버넌스가 중요한 역할을 하도록 한

---

68) 공공재(public goods)는 경합성과 배제성이 모두 약한 재화이고, 준공공재(quasi public good)는 공공재 중 배제성을 어느 정도 적용할 수 있는 재화이다. 공유재(common goods)는 배제성을 가지지 않지만 경합성을 보인다는 측면에서 공공재와 다르다. 커먼즈는 공유재의 공유적 재산권 측면을 부각한 개념이고, 세미 커먼즈는 다양한 수준의 재산권이 결합된 혼합적 거버넌스를 지향한다.

다. 여기에서는 AI와 제조업의 이종 산업 간 융·복합을 가능케 하는 범용 기술의 개발에 집중하고 이러한 성과를 혁신 플랫폼으로 제공하도록 한다. 참여 주체들의 혁신 성과를 풀링(pooling)해 공유 자원으로 전환하는 사업을 추진한다. 또, 혁신 성과를 생산하고 확산시킬 수 있는 인적 자원이 집중된 대학을 연결해 자원을 공유하는 플랫폼을 형성하도록 한다. 물론 혁신 성과를 플랫폼의 공유 자원으로 전환하더라도 무상으로 제공하기보다는 제한적 접근권 제도를 설계할 수 있다(이일영, 2019).

소결

지금까지 논의한 바를 요약하면 다음과 같다. 신공화주의 담론의 여러 갈래 중에서 상업적 공화주의는 지리적 이동성(이탈과 경쟁)을 통해 자의적 지배를 견제할 수 있다고 본다. 시민 공화주의에서는 지리적 이동성이 시민을 공동체로부터 분리하고 소외시킨다고 본다. 신공화주의는 일반적으로 중앙의 일방적 지배를 제한하기 위해 다양한 시각과 숙의를 강조하며, 분권과 균형을 이익 침해 위험을 방지하기 위한 권력의 공간적 배분 방식으로 제시한다.

신공화주의에서 나온 지역 발전 문제의 키워드는 지리적 이동성, 연계와 조정을 수반하는 보충성 원리에 기반한 분권, 그리고 지리적 분배 정의 또는 연대성으로서 지역 간 균형 등이다. 우리는 이동성, 분권, 균형이라는 세 가지 목표를 동시에 충족시키는 것은 현실적으로 어렵다는 점에서, 지역 문제에 일종의 트릴레마적 속성이 있다고 본다. 이에 따라 현실에서 지역 발전의 경로는 다양하며, 이동성-분권 모델, 분권-균형 모델, 이동성-균형 모델 등 여러 형태로 결합될 수 있다. 이러한 문제 설정이 세 가지 목표 중 어느 하나를 배제한다는 것이 아니라, 제도적 조건과 맥락에 따라 각 목표 간 우선순위가 조정될 수 있다는 점을 의미한다.

한국 지역 발전 모델의 기존 경로는 이동성-균형 모델이다. 노무현 정부 이후 이동성-분권 모델로 전환하는 것을 시도하고 있는데, 수도권 집중이 심화됨에 따라 격차 해소에 대한 부담이 분권을 명분으로 점차 지방에 전가되고 있다. 기존 일극 중심 지역 발전 모델에서 벗어나기 위해서는, 비지배적 성장과 발전을 지향하는 초광역 기반 다극 성장 거점을 구축하고, 중앙 정부의 개입과 협력적 분권을 통해 기존 모델을 점진적으로 개선해 나가는 과도기적 접근이 우선 필요하다. 이러한 전환 과정을 통해 궁극적으로는 국가 전반의 경쟁력이 질적으로 한층 강화된 분권-균형 모델로 나아갈 수 있는 기반이 마련될 수 있다. 이를 위해 최근 글로벌 지정(경)학적 구조 변화와 기존 모델의 한계를 고려해, 현시점 방향 전환의 핵심 전략으로 초광역 수준의 협력적 분권화, 핵심 제조업 생태계와 세미 커먼즈 형성 등을 제시했다.

한국의 새로운 발전 모델의 요체는 지역 발전이고, 여기에서 핵심은 비수도권 제조업 공동화를 막는 것이다. 한국의 제조업 역량을 위협하는 요소는 미국과 중국으로부터 가해지는 제조업 전체의 공동화 압력, 지방 소멸 위기에 따른 비수도권 제조업 공동화 압력이다. 비수도권 소재·부품·장비 및 조립 완성 공정의 제조업 공동화를 방치하고 수도권 중심의 첨단 기술·서비스 산업으로 전환한다는 방향은 한국 발전 모델의 기초를 붕괴시킬 수 있다.

비수도권 제조업을 발전시키려면 수도권과 비수도권 관계 전환과 비수도권 제조업 생태계 재구축을 결합하는 빅 푸시(big push) 전략이 필요하다. 새로운 발전 모델의 핵심 요소는 수도권과 비수도권 간의 지배-비지배적 관계를 개선하고, 비수도권에 배치된 소재·부품·장비의 기존 제조업에 첨단 기술 산업·기업을 결합하는 것이다. 현재 주어진 상황에서, 우리는 이를 지역 공화주의 발전 모델이라고 부르고자 한다.

국가는 지역 공화주의 발전 모델의 요소가 되는 경제 주체와 정책 주체의 역량을 증진·강화하는 '역량 증진 국가(enabling state)'로 전환해 가야 한다.[69] 특히 초광역 경제권 차원의 역량이 중요하다. 국가의 역할은 중앙 정부-초광역 경제권-시장·기업을 연결하는 제조업 생태계를 형성하는 데 역량을 집중해야 한다. 현시점에서 우리는 이러한 국가를 '지역 공화주의 국가(regional-republican state)'라고 부르고 싶다.

---

69) 역량 증진 국가는 복지 국가의 경직성과 고비용의 문제를 극복하기 위해 유럽에서 나온 개념으로, 각 경제 주체의 역량을 높여서 스스로 일자리나 경쟁력을 확보할 수 있도록 하는 것이다. 복지 국가가 생산 이전 단계(교육 등)와 생산 이후 단계(이전 지출 등)에 개입하는 데 비해, 역량 증진 국가는 생산 단계에도 선제적으로 개입해 산업 경쟁력을 높이는 것이다(박현, 2025. 3. 5).

참고문헌

김용창(2024). 서울 영토 확장주의를 넘어 균형 발전을 위한 기회균등 국토 공간 전략으로. 『동향과 전망』, 120호, 9～54.

박현(2025, 3, 5). [박현 논설위원의 직격 인터뷰 | 이근 한국경제학회장] "미국발 · 중국발 산업공동화 우려 … 국내 제조업 공급망 지켜야". 『한겨레』. https://www.hani.co.kr/arti/economy/economy_general/1185340.html

윤다빈 · 조응형(2025, 1, 22). 이재명 '기본사회' 공약 접는다 … "민생회복 유일한 길은 성장". 『동아일보』. https://www.donga.com/news/Politics/article/all/20250122/130915484/1

이일영(2019). 『뉴노멀 시대의 한반도경제』, 창비.

이일영 · 정준호(2025). 글로벌 공화주의의 지정(경) 전략. 『동향과 전망』, 123호, 99～136.

정준호(2021). 글로벌 가치 사슬과 한국의 지역 간 격차: 2010년대 이후를 중심으로. 『경제와 사회』, 131호, 88～125.

정준호(2024). 글로벌 금융위기 이후 수도권과 비수도권 간 일자리 격차. 『한국경제지리학회지』, 27권 3호, 155～173.

정준호 · 이일영(2023). 한국형 성장체제의 전개와 위기: '비공유적 저성장' 모델로의 이행. 『동향과 전망』, 119호, 43～86.

정준호 · 이일영(2024), 공화주의적 대안 경제의 모색: '비지배 자유'의 경제체제. 『동향과 전망』, 121호, 9～44.

조성호(2025, 3, 13). 독기 품은 중, 기술 자립 굴기. 『조선일보』. https://www.chosun.com/economy/weeklybiz/2025/03/1

3/V6LOLBOKLVEY5P3ZXB4ZKJOUQY/?utm_source=naver &utm_medium=referral&utm_campaign=naver-news

Agnew, J.(1984). Devaluing place: 'People prosperity versus place prosperity' and regional planning. *Environment and Planning D: Society and Space, 1*, 35~45.

Ahrend, R., Farchy, E. Kaplanis, I., & Lembcke, A. C.(2014). What makes cities more productive? Evidence on the role of urban governance from five OECD countries. OECD Regional Development Working Papers, No. 2014/5.

Ahrend, R., Gamper, C., & Schumann, A.(2014). The OECD Metropolitan Governance Survey: A Quantitative Description of Governance Structures in Large Urban Agglomerations. OECD Regional Development Working Papers 2014/04.

Austin, B. A., Glaeser, E. L., & Summers, L. H.(2018). Jobs for the heartland: Place-based policies in 21st century America. NBER Working Paper No. 24548, Cambridge, MA: National Bureau of Economic Research.

Barca, F.(2009). An agenda for a reformed cohesion policy: A place-based approach to meeting EU challenges and expectations. European Parliament: Independent Report prepared at the request of Danuta Hübner, Commissioner for Regional Policy.

Barca, F.(2011). Alternative Approaches to Development Policy: Intersections and Divergences. In *OECD Regional Outlook 2011: Building Resilient Regions for Stronger Economies* (pp. 215~225). Paris: OECD.

Bartolini, D., Stossberg, S., & Blöchliger, H.(2016). Fiscal decentralisation and regional disparities. OECD Economics

Department Working Papers, No. 1330.

Bentley, G., Pugalis, L., & Shutt, J.(2017). Leadership and systems of governance: The constraints on the scope for leadership of place-based development in sub-national territories. *Regional Studies, 51*(2), 194~209.

Barca, F., McCann, P., & Rodríguez-Pose, A.(2012). The case for regional development intervention: Place-based versus place-neutral approaches. *Journal of Regional Science, 52*(1), 134~152.

Bischoff, I., & Krabel, S.(2017), Local taxes and political influence: Evidence from locally dominant firms in German municipalities. *International Tax and Public Finance, 24*(2), 313~337.

Blöchliger, H., Bartolini, D., & Stossberg, S.(2016). Does fiscal decentralisation foster regional convergence?. OECD Economic Policy Papers, No. 17.

Borts, G. H., & Stein, J. L.(1964). *Economic growth in a free market.* New York: Columbia University Press.

Bosquet, C., & Overman, H. G.(2019). Why does birthplace matter so much?. *Journal of Urban Economics, 110,* 26~34.

Brueckner, J.(2006). Fiscal federalism and economic growth. *Journal of Public Economics, 90*(10-11), 2107~2120.

Cahill, M.(2017). Theorizing subsidiarity: Towards an ontology-sensitive approach. *I · CON, 15,* 201~224.

Case, A., & Deaton, A.(2020). *Deaths of despair and the future of capitalism.* Princeton: Princeton University Press.

Charbit, C.(2011). Governance of public policies in decentralised contexts: The multi-level approach. OECD Regional Development Working Papers, 2011/04.

Cheshire, P., & Gordon, I. R.(1996). Territorial competition and the predictability of collective (in)action. *International Journal of Urban and Regional Research*, *20*(3), 383~399.

Cheshire, P., & Magrini, S.(2019). Urban growth drivers in a Europe of sticky people and implicit boundaries. *Journal of Economic Geography*, *9*(1), 85~115

Clark, G. L.(1983). *Interregional migration, national policy, and social justice*. Totowa, NJ: Rowman and Allanheld.

Dagger, R.(1997). *Civic virtues: Rights, citizenship, and republican liberalism*. Oxford: Oxford University Press.

DeLong, B.(2016). Regional policy and distributional policy in a world where people want to ignore the value and contribution of knowledge and network-based returns. Retrieved from https://www.bradford-delong.com/2016/12/is-the-problem-one-of-insufficient-market-wages-inadequate-social-insurance-polanyian-disruption-of-patterns-of-life-.html

Deudney, D. H.(2007). *Bounding power: Republican security theory from the polis to the global village*. Princeton: Princeton University Press.

Deudney, D.(2004). Publius before Kant: Federal-republican security and democratic peace. *European Journal of International Relations*, *10*(3), 315~356.

Ehrlich, M., & Overman, H.(2020). Place-based policies and spatial disparities across European cities. *Journal of Economic Perspectives*, *34*(3), 128~149.

Elazar, D. J.(1987). *Exploring federalism*. Tuscaloosa, AL:

University of Alabama Press.

Faulk, D., & Killian, L.(2017). Special districts and local government debt: An analysis of Old Northwest Territory States. *Public Budgeting and Finance, 37*(1), 112~134.

Fitzpatrick, S., Pawson, H., & Watts, B.(2020). The limits of localism: A decade of disaster on homelessness in England. *Policy and Politics, 48*(4), 541~561.

Floerkemeier, H., Spatafora, N., & Venables, A.(2021). Regional disparities, growth, and inclusiveness. IMF Working Paper, 21/38.

Follesdal, A.(2025). *Subsidiarity*. Cambridge: Cambridge University Press.

Foray, D.(2015). *Smart specialisation: Opportunities and challenges for regional innovation policy*. London: Routledge.

Ganong, P., & Shoag, D.(2017). Why has regional income convergence in the U.S. declined?. *Journal of Urban Economics, 102*, 76~90.

Gbohoui, W., Lam, R., & Lledo, V.(2019). The great divide: Regional inequality and fiscal policy. IMF Working Paper, 19/88.

Glaeser, E. L., & Gottlieb, J. D.(2008). The economics of place making policies. NBER Working Paper No. 14373.

Goodin, R.(1992). *Green political theory*. Cambridge, MA: Polity.

Goodman, C.(2019). Local government fragmentation: What do we know?. *State and Local Government Review, 51*(2), 134~144.

Hirschman, A.(1970). *Exit, voice, and loyalty: Responses to decline in firms, organizations, and states*. Cambridge, MA: Harvard University Press.

Hoole, C., Collinson, S., & Newman, J.(2023). England's catch-22: Institutional limitations to achieving balanced growth through devolution. *Contemporary Social Science, 18*(3-4), 428~448.

IMF(2019). *World economic outlook: Global Manufacturing downturn, rising trade barriers*. Wahsington D. C.: IMF.

Jong, D., Tsvetkova, A., Lembcke, A., & Ahrend, R.(2021). A comprehensive approach to understanding urban productivity effects of local governments: Local autonomy, government quality and fragmentation. OECD Regional Development Papers No. 11.

Kaplan, G., & Schulhofer-Wohl, S.(2017). Understanding the long-term decline in interstate migration. *International Economic Review. 58*(1), 57~94.

Kessler, J.(2018). How the Concentration of Opportunity Elected Trump. *Third Way*. June 28, 2018.

Kong, H. L.(2015). Subsidiarity, republicanism, and the division of powers in Canada. *Revue de Droit de l'Université de Sherbrooke*, *45*, 13~46.

Lago-Peñas, S, Martinez-Vázquez, J., & Sacchi, A.(2020). Fiscal stability during the Great Recession: Putting decentralization design to the test. *Regional Studies, 54*(7), 919~930.

McCann, P.(2021). Space-Blind and place-based policy: Initiatives for fostering innovation and growth. GOLD VI Working Paper Series #04, November, United Cities and Local Governments, Barcelona.

McCann, P.(2022). The differential economic geography of regional and urban growth and prosperity in industrialised countries. GOLD VI Working Paper Series #13, February, United Cities and Local Governments, Barcelona.

McCann, P.(2023). How have place-based policies evolved to date and what are they for now?. Paper presented at OECD-EC High-Level Workshop Series, 14 April 2023.

Mill, J. S.(1969). *Autobiography*. Boston, MA: Houghton Mifflin.

Moretti, E.(2021). The effect of high-tech clusters on the productivity of top inventors. *American Economic Review, 111*, 3328~3375.

Moretti. E.(2024). Place-based policies and geographical inequalities. *Oxford Open Economics, 3*, i625~i633.

Muro, M., Maxim, R., Pipa, A. F., You, Y., & Dougherty, C.(2021). The house's build back better act is a milestone for place-based solutions. The Avenue, Brookings Institution, Washington DC, 23 November.

Musgrave, R.(1959). *The theory of public finance*. New York: McGraw-Hill.

Neumark, D., & Simpson, H.(2015). Place-based policies. In G. Duranton, J. V. Henderson, and W. Strange (Eds.), *Handbook of regional and urban economics Vol. 5* (pp. 1197~1287). Amsterdam: Elsevier.

Nunn, R., Parsons, J., & Shambaugh, J.(2018). The geography of prosperity. In J. Shambaugh & R. Nunn (Eds.), *Place-based policies for shared economic growth* (pp. 11~42). Wahsington D. C.: Brookings.

Oates, W. E.(1972). *Fiscal federalism*. New York: Harcourt-Brace Jovanovich.

OECD(2011). *OECD Regional outlook 2011: Building resilient regions for stronger economies*. Paris: OECD.

OECD(2019). *Making decentralisation work: A handbook for policy-makers*. OECD Multi-level Governance Studies, Paris: OECD.

OECD(2023). *OECD Regional outlook 2023*. Paris: OECD.

Pettit, P.(1997). Republicanism: A theory of freedom and government. Oxford: Oxford University Press.

Pettit, P.(2012). *On the people's terms: A republican theory and model of democracy*. Cambridge: Cambridge University Press.

Pope, T., Dalton, G., & Coggins, M.(2023). How can devolution deliver regional growth in England?. Institute for Government.

Riker, W. H.(1964). *Federalism*. Boston, MA: Little, Brown.

Rodden, J. A.(2006). *Hamilton's paradox*. New York: Cambridge University Press.

Rodríguez-Pose, A.(2018). The revenge of the places that don't matter (and what to do about it). *Cambridge Journal of Regions, Economy and Society, 11*(1), 189~209.

Rodríguez-Pose, A., & Storper, M.(2006). Better rules or stronger communities? On the social foundations of institutional change and its economic effects. *Economic Geography, 82*(1), 1~25.

Spahn, P. B., & Werner, J.(2007). Germany at the junction between solidarity and subsidiarity. In R. M. Bird & R. D. Ebel (Eds.), *Fiscal fragmentation in decentralized countries: Subsidiarity, solidarity and asymmetry* (pp. 89~

113). Cheltenham: Edward Elgar.

Storper, M.(2018). Separate worlds? Explaining the current wave of regional economic polarization. *Journal of Economic Geography, 18*(2), 247~270.

Taylor, R. S.(2017). *Exit left: Markets and mobility in republican thought.* Oxford: Oxford University Press.

The Economist.(2016). Regional inequality is a hard problem to solve. 1. December, 2016.

Tiebout, C. M.(1956). A pure theory of local expenditures. *Journal of Political Economy, 64*(5), 416~424.

Tomaney, J.(2016). Limits of devolution: Localism, economics and post-democracy. *The Political Quarterly, 87,* 546~552.

Tselios, V., Rodríguez-Pose, A., Pike, A., Tomaney, J., & Torrisi, G.(2012). Income inequality, decentralisation, and regional development in Western Europe. *Environment and Planning A: Economy and Space, 44*(6), 1278~1301.

Vischer, R. K.(2001). Subsidiarity as a principle of governance: beyond devolution. *Indiana Law Review, 35,* 103~142.

Warner, S., Newman, J., Diamond, P., & Richards, D.(2024). The challenge of devolved English governance and the rise of political spatial inequality. *Parliamentary Affairs, 77,* 735~764.

Wilkinson, W.(2019). The density divide: Urbanization, polarization, and the populist backlash. Niskanen Center. June, 2019.

World Bank.(2009). *World development report 2009: Reshaping economic geography.* Washington D. C.: World Bank.

지은이

정준호

강원대학교 교수. 서울대학교 지리학과 졸업, 영국 옥스퍼드 대학교 박사. 산업연구원 동향분석실장 역임. 산업 및 지역 정책, 그리고 부동산 시장 및 자산 및 소득 불평등을 연구하고 있다. 저서로는 『뉴노멀』(2017, 공저), 『우리는 복지국가로 간다』(2020, 공저), 『한국의 불평등』(2022, 공저), *Agile Against Lean: An Inquiry into the Production System of Hyundai Motor* (2023, 공저) 등이 있다.

이일영

한신대학교 교수. 서울대 경제학과 졸업, 동 대학원 경제학 박사. ≪동향과 전망≫ 편집위원장, ≪창작과비평≫ 편집위원. '한반도경제', '새 공화주의' 담론을 제기. 주요 저서로 『탄핵 이후, 새로운 공화국을 위하여』(2025, 공저), 『뉴노멀 시대의 한반도경제』(2019), 『혁신가 경제학』(2016), 『한국형 네트워크 국가의 모색』(2012, 공저), 『새로운 진보의 대안, 한반도경제』(2009), 『한반도경제론』(2007, 공저) 등이 있다.